E

HISTOIRE

Néolithique

il y a 10 000 ans
(8 000 av. J.-C.)

3 200 av. J.-C. | 2 000 av. J.-C. | 1 000 av. J.-C. | Naissance de J.-C. | 1 000 | 2 000

Grotte de Tassali dans le Sahara

Naissance de l'écriture

Jésus-Christ

OIRE

Temps modernes | *Révolution française et 19e siècle* | *20e siècle et notre époque*

1 200 | 1 300 | 1 400 | 1 500 | 1 600 | 1 700 | 1 789 | 1 900 | 2 000

Jeanne d'Arc
(1412-1431)

François 1er, roi
de 1515 à 1547

Louis XIV, roi
de 1643 à 1715

Napoléon 1er, empereur
de 1804 à 1815

Charles de Gaulle
(1890-1970)

Odysséo

Histoire

Cycle 3

Conforme • Programmes • 2008

Auteur et coordinateur d'ouvrage

Françoise Changeux-Claus
Inspectrice d'Académie,
Inspectrice pédagogique
régionale d'histoire-géographie

Auteurs

Christian Fleury
Conseiller pédagogique

Henriette Humbert
Conseillère pédagogique

Olivier Szwaja
Professeur d'histoire-géographie en IUFM

MAGNARD

www. histoire.odysseo.magnard.fr

Les auteurs tiennent à remercier France, Josette, Michel et Philippe pour leur soutien.

Conception maquette intérieure et couverture : Anne-Danielle Naname
Réalisation : Anne-Danielle Naname, Adeline Calame
Illustrations : A. Horrenberger et Claude Cachin
Iconographie : Virginie Dauvet et Soizic Landais
Cartographie : Valérie Goncalves, Marie-Christine Liennard et Christel Parolini
Relecture : Caroline Wajda
Photogravure : Aps-Chromostyle
Édition : Vanessa Colnot

Achevé d'imprimer en avril 2010 par Pollina
Dépôt légal : avril 2010 - N° éditeur : 2010/183
N° imprimeur : L10404

Histoire cycle 3

Un manuel en parfaite adéquation avec les programmes 2008* de l'école primaire

« La culture humaniste ouvre l'esprit des élèves à la diversité et à l'évolution des civilisations, des sociétés. L'étude des grandes périodes historiques se fait dans l'ordre chronologique. »

Le manuel « **Histoire cycle 3** » couvre les six périodes à étudier : la Préhistoire, l'Antiquité, le Moyen Âge, les Temps modernes, la Révolution française et le 19e siècle, le 20e siècle et notre époque. La frise chronologique, dans les premières pages de l'ouvrage, la reprise de fragments de celle-ci en fin de chapitre, permettent à l'élève de construire des repères temporels forts. La signalétique de chaque chapitre, en lien avec la frise générale, aide l'élève dans cette construction délicate.

« L'étude s'effectue par le récit et l'observation de documents patrimoniaux. »

Les pages **S'interroger**, d'une grande richesse, proposent des documents iconographiques et des récits. Par le biais d'une démarche de recherche, les élèves développent des compétences de lecture de textes historiques et de compréhension de documents.

« Le programme d'histoire permet aux élèves d'identifier et de caractériser simplement les grandes périodes. »

Les pages **Comprendre** précisent, dans un langage clair, les points dégagés par les élèves dans le temps de recherche. Enfin, le résumé **Conclure** fixe avec simplicité les acquisitions.

« Les événements et les personnages indiqués constituent une liste de repères indispensables. Ils forment la base d'une culture commune. »

Les événements et les personnages représentatifs de chaque époque sont évoqués et mis en relation avec la **frise chronologique**.

« L'histoire sensibilise les élèves aux faits religieux. »

Les chapitres « Les premiers chrétiens au temps de la Gaule romaine », « L'Église au Moyen Âge », « Une nouvelle civilisation : l'Islam », « Catholiques et protestants au 16e siècle », permettent une première approche des faits religieux .

« L'enseignement d'histoire des arts s'articule sur les six périodes historiques du programme d'histoire. »

La rubrique **Histoire des arts**, en fin de chapitre, assure une rencontre raisonnée avec une ou plusieurs œuvres artistiques en relation avec une époque. Des compléments numériques, proposés en partenariat avec la Réunion des musées nationaux, contribuent à éveiller la curiosité des élèves pour les arts.

* Extrait du *Bulletin officiel*, hors-série n°3 du 19 juin 2008

Sommaire

476 **Le Moyen Âge** 1492

1492 **Les temps modernes** 1789

JOURNÉE NATIONALE
LA GUERRE
DE LA
PAIX
DIMANCHE 2 AOÛT 1936

J'apprends à lire et à comprendre des documents en histoire

À Dieppe

Il n'était pas question d'aller courir sur la plage où l'on ne pouvait ni enlever ses souliers, ni s'asseoir à cause des galets. Je regardais avec envie les enfants pauvres, les « petits polissons » comme disait ma grand-mère, galoper pieds nus dans l'eau à travers les rochers pour pêcher des crevettes ou des moules. Mais je savais que ces jeux étaient interdits aux petites filles bien élevées.

Quand il n'y avait ni trop de vent ni trop de soleil, les grandes personnes faisaient apporter par les domestiques des chaises de cuisine qu'on installait sur les galets devant le casino. Cette partie de la plage était un peu plus propre, étant défendue contre le vulgaire par des cordes tendues. Des cordes aussi séparaient les sexes dans le bain.

On se déshabillait dans des cabines. Les dames riches louaient des cabines montées sur des roues et traînées par un cheval qui s'avançait dans la mer jusqu'au poitrail ; de cette façon, la dame pouvait entrer dans l'eau sans être vue des autres baigneurs. Cependant, les dames se baignaient peu. Je n'ai jamais vu ni ma mère, ni ma sœur, ni mes tantes prendre un bain de mer ! Même les hommes portaient des vêtements flottants à peine échancrés autour du cou avec des manches, des pantalons descendant au-dessous des genoux.

Comtesse Jean de Pange, *Comment j'ai vu 1900*, Éditions Grasset.

Je lis le texte

Réponds aux questions comme si tu menais une enquête.

1 **a.** De quel type de texte s'agit-il : discours, compte rendu, témoignage, article de presse, etc. ?

b. Où et quand se déroule ce récit ?

c. Qui est le « je » qui s'exprime dans le texte ?

d. De quoi parle-t-on ?

2 Ce texte évoque une époque passée. Relève les passages qui le montrent.

DOC. 1 Sur la plage de Wimereux (Pas-de-Calais) en 1904.

DOC. 2 La plage de Trouville (Calvados) en 1900.

DOC. 3 Bain de mer à Trouville en 1900.

J'observe les documents

Ce sont des photographies prises à l'époque dont parle le texte page 8.

1 Décris précisément ce que tu vois sur ces photographies.

2 Retrouves-tu sur ces images ce qui est décrit dans le texte ? Justifie tes réponses.

DOC. 4 Sur la plage de Trouville en 1900.

DOC. 5 **Sur la plage d'Antibes** (Alpes-Maritimes).

DOC. 6 **Sur la plage de Carnon** (Hérault).

3 Observe ces deux photographies prises aujourd'hui.

a. Décris précisément ce que tu vois.

b. Compare ces photographies avec celles des pages 8 et 9. Dis ce qui a changé.

4 Fais le bilan de ce que tu as appris en étudiant les documents des pages 8, 9 et 10.

Pour lire et comprendre un document en histoire

1. Je repère la nature du document.

Est-ce un texte ? une image ? la représentation d'un objet ou d'un monument ?

2. Je me pose les questions suivantes.

- **Si c'est un texte :**

– s'agit-il d'un témoignage, d'un discours, d'un article de presse, etc. ?
– qui en est l'auteur ?
– de quand date-t-il ?
– de quoi parle-t-il ?

Pour cela, je relève avec précision les indices et je les classe.

- **Si c'est une image :**

– s'agit-il d'une photographie, d'un dessin, d'un tableau, etc. ?
– qui en est l'auteur (lorsque ce renseignement est donné) ?
– de quand date-t-elle ?
– que montre-t-elle ?

Pour répondre, je prends le temps de bien observer. Je cherche à identifier les lieux, les personnages, les actions.

- **Si c'est la représentation d'un objet ou d'un monument :**

– de quand date l'objet ou le monument ?
– quel est son aspect ? sa couleur ? sa matière ?
– quelle est sa fonction ? (à quoi sert-il ?)

3. Je cherche à comprendre le document.

– À partir des indices que j'ai relevés, je le confronte toujours à d'autres documents.
– Je mets en relation les diverses informations trouvées.
– J'en tire des conclusions.

Observe cette illustration. Que t'apprend de plus ce document sur les bains de mer en 1900 ?

DOC. 7 Gravure de 1900.

1 Sur les traces des premiers hommes

DOC. 1 **Chantier de fouilles à Tautavel** (Pyrénées-Orientales).

Localisé à une vingtaine de kilomètres à l'ouest de Perpignan, le site de Tautavel est devenu célèbre dans le monde entier en juillet 1971. Les archéologues Marie Antoinette et Henry de Lumley ont extrait du sol de la grotte la face et le crâne complets d'un homme vieux de 450 000 ans.

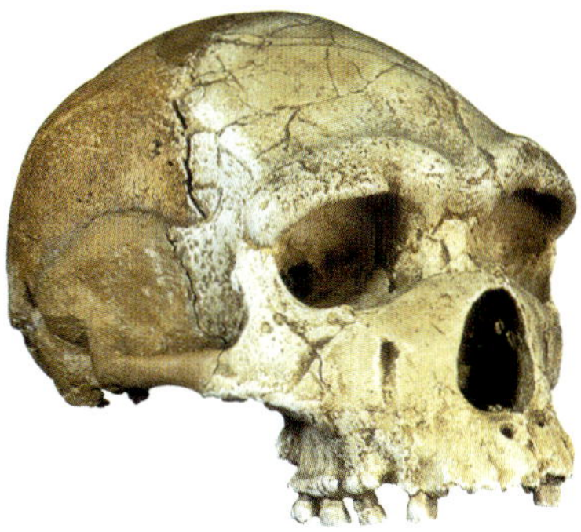

Crâne de l'homme de Tautavel, vieux de 450 000 ans.

Observe la photo [Doc. 1].

1. Qu'est-ce que ces personnes sont en train de faire ?
2. Sais-tu comment s'appellent ces personnes ?

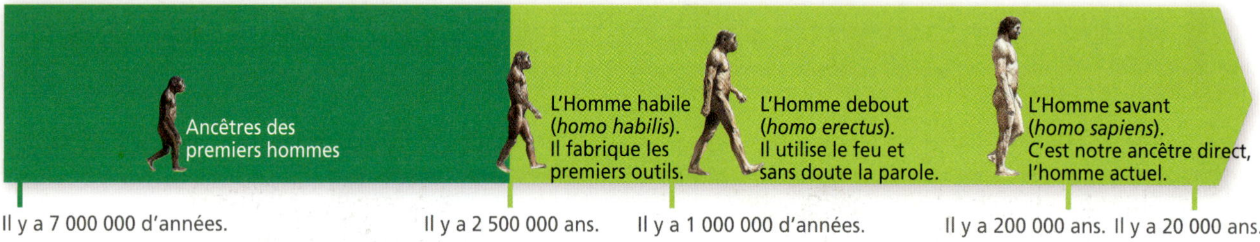

DOC. 2 **Une humanité vieille de 7 millions d'années.** Les hommes actuels sont les survivants d'une longue évolution faite d'apparitions et de disparitions de nombreuses espèces.

On a souvent raconté les circonstances de la découverte de la grotte de Lascaux par Georges Agniel, Simon Coencas, Jacques Marsal et Marcel Ravidat, le 12 septembre 1940. Selon la légende, le chien de Marcel Ravidat aurait suivi la trace d'un lapin et aurait pénétré dans un trou. Les quatre amis l'auraient suivi après avoir agrandi le passage. Jacques Marsal racontait volontiers qu'il n'en fût pas ainsi. En fait, les jeunes gens cherchaient un souterrain censé se trouver dans la colline. Ils eurent l'émotion de leur vie en découvrant les immenses peintures à la lumière de leur lampe.

Les archéologues découvrent à Lascaux des peintures datant de 17 000 ans.

Henri Cosquer admire les parois peintes de la grotte qui porte son nom.

En septembre 1991, un plongeur, Henri Cosquer, signala des peintures qu'il avait découvertes dans une grotte immergée. L'entrée se trouvait à 37 mètres sous le niveau actuel de la mer. Une galerie de 150 mètres donnait accès à une immense grotte dont le plafond était resté au-dessus du niveau de l'eau. Beaucoup ne crurent pas à la découverte de cette grotte située sous la mer, à Marseille. Pourtant les archéologues prouvèrent qu'il s'agissait bien d'un site préhistorique occupé il y a 20 000 ans.

DOC. 3 Des découvertes archéologiques.

1. Lis les trois récits [Doc. 1 p. 13 et doc. 3].
2. Pour chaque récit : trouve le lieu de la découverte, le nom des personnes qui ont fait cette découverte, les vestiges trouvés lors des fouilles et la date de ces vestiges.
3. Situe sur la frise [Doc. 2] les vestiges découverts.
4. De quelle espèce l'homme de Tautavel est-il proche ?
5. À quelle espèce appartiennent les hommes qui ont peint les murs de la grotte de Lascaux ?

DOC. 4 Reconstitution d'un habitat, vieux de 13 000 ans, site de Niaux (Ariège).

DOC. 5 Pointe de sagaie en silex, vieille de 19 000 ans.

DOC. 6 La Dame de Brassempouy, fragment de statuette trouvé dans les Landes, grotte du Pape, hauteur de 3,7 cm, vieux de 22 000 ans.

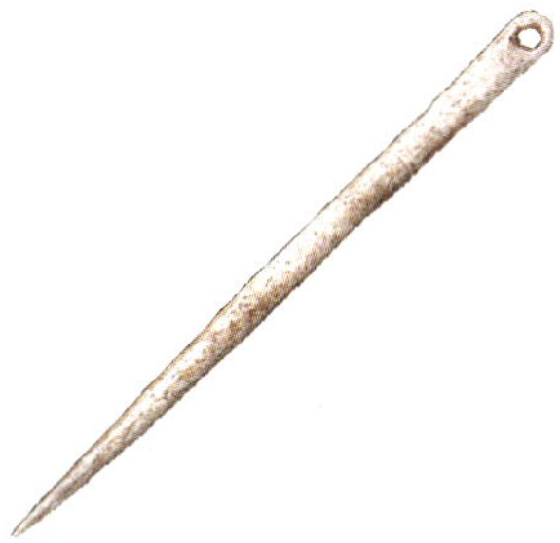

DOC. 7 Aiguille en os, vieille de 13 000 ans.

DOC. 8 Harpon en bois de renne, vieux de 12 000 ans.

DOC. 9 Grotte de Niaux (Ariège), occupée il y a 13 000 ans.

DOC. 10 Grotte de Lascaux : fresque peinte il y a 17 000 ans.

6 Observe attentivement les documents 4 à 10 qui représentent des vestiges du temps de l'homme savant. Décris-les.

7 Classe les documents qui te paraissent aller ensemble, puis explique les raisons de ton classement.

8 À partir de tes observations, essaie de comprendre ce que ces vestiges nous apprennent sur les activités des premiers hommes dans leur environnement.

1 Qu'est-ce que les traces retrouvées nous apprennent sur l'origine de l'homme ?

L'homme, comme les animaux, est le fruit d'une longue évolution qui remonte à plus de 7 millions d'années [Doc. 2 p. 14].
L'homme de Tautavel est proche de l'*homo erectus* (homme debout). Cette espèce taille des outils, apprivoise le feu et utilise sans doute la parole.
L'homme savant (*homo sapiens*), dont nous descendons, serait apparu il y a environ 200 000 ans en Afrique [Doc. 2 p. 14]. Il s'installe peu à peu dans le monde entier et arrive en Europe il y a 40 000 ans.

2 Comment vivent les *homo sapiens* au Paléolithique ?

DOC. 11 Reconstitution d'un campement de chasseurs.

Ils vivent de la chasse et de la cueillette pour se nourrir. Ils perfectionnent les outils en utilisant la pierre [Doc. 5 p. 15], mais aussi l'ivoire ou le bois de renne. Ils fabriquent des harpons pour la pêche [Doc. 8 p. 15], des aiguilles à chas [Doc. 7 p. 15] pour la confection des vêtements. Ils se déplacent sans cesse en suivant le gibier. Ce sont des **nomades**. Ils occupent des abris sous roche [Doc. 9 p. 15], mais bâtissent aussi des cabanes, des huttes ou des tentes [Doc. 4 p. 15]. Dans les profondeurs des grottes, ils laissent des peintures sur les parois [Doc. 10 p. 15].

À quelles activités se livrent les hommes dans cette reconstitution ?

3 Comment les premiers hommes fabriquent-ils leurs outils ?

Pour fabriquer leurs outils, les hommes préhistoriques utilisent une pierre dure qu'ils frappent contre une autre. En travaillant à la manière de sculpteurs, ils donnent à la pierre une forme arrondie, allongée et obtiennent des bords tranchants. L'outil fabriqué est appelé biface [Doc. 12].

L'homme préhistorique apprend aussi à utiliser des éclats de pierre pour en faire des outils longs et fins ou des armes.

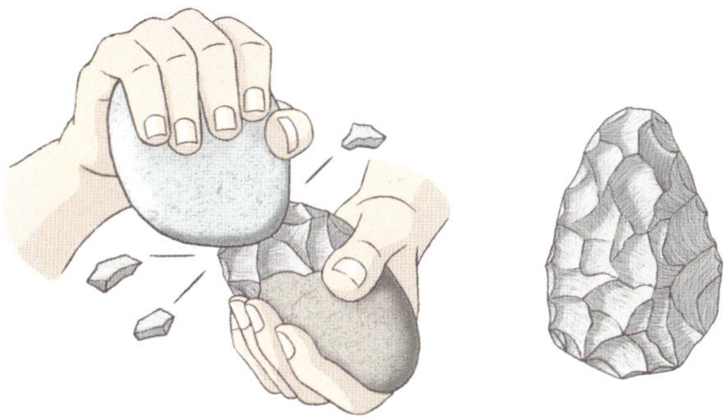

DOC. 12 Une pierre dure est utilisée pour détacher les éclats.

4 Comment les premiers hommes peignent-ils ?

Pour peindre sur les parois des grottes, l'homme préhistorique se sert de colorants naturels extraits des roches.

Il taille des blocs en forme de crayons. Il utilise aussi des poudres obtenues en broyant ou en grattant ces blocs. Il souffle ces poudres à travers des tubes pour obtenir des contours en négatif [Doc. 14], ou bien il mélange ces poudres avec de l'eau ou de la graisse d'animaux.

Pour réaliser ces peintures rupestres, l'homme préhistorique se sert de nombreux outils : pinceaux et brosses de poils, tampons de fourrure, baguettes émoussées. Il peint également avec ses doigts. Les couleurs principales sont les noirs, les blancs, les rouges, les bruns, les jaunes [Doc. 13].

DOC. 13 Blocs d'ocre dans une grotte à Cougnac (Lot).

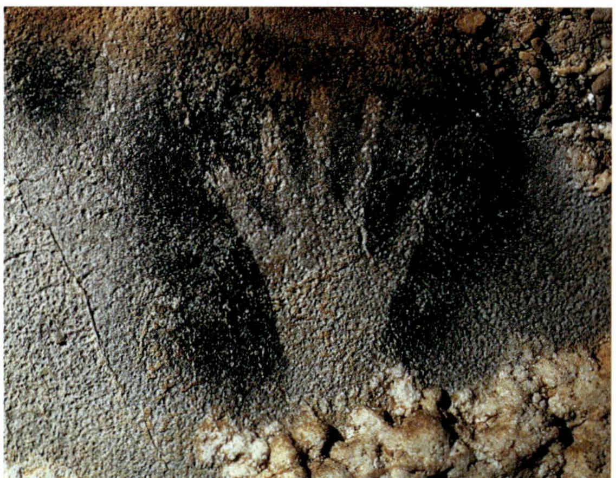

DOC. 14 Main en négatif, grotte du Pech Merle (Lot).

Les mots de l'Histoire

- **archéologue :** personne qui étudie la vie des hommes du passé à partir des traces et objets retrouvés.
- **fouilles :** recherches d'objets anciens dans le sol.
- **nomades :** hommes qui n'ont pas d'habitation fixe.
- **peintures rupestres :** peintures réalisées sur les parois des grottes.
- **vestiges :** objets, restes, traces du passé.

Je sais maintenant

- L'histoire de l'homme commence **il y a 7 millions d'années.**
- Les *homo sapiens* (hommes savants) qui apparaissent il y a 200 000 ans sont le fruit d'une longue évolution. Ils sont nos ancêtres directs.
- Ces hommes préhistoriques sont des **nomades.** Ils montent des campements ou se protègent dans des abris sous roche.
- Ils vivent de la pêche, de la chasse et de la cueillette. **Ils fabriquent leurs outils et leurs armes** avec des pierres, des os, des bois d'animaux.
- **Ils dessinent sur les parois des grottes.**
- Cette période au cours de laquelle les hommes taillent des pierres s'appelle le **Paléolithique.**
- Les travaux des archéologues nous aident à comprendre la vie des premiers hommes.

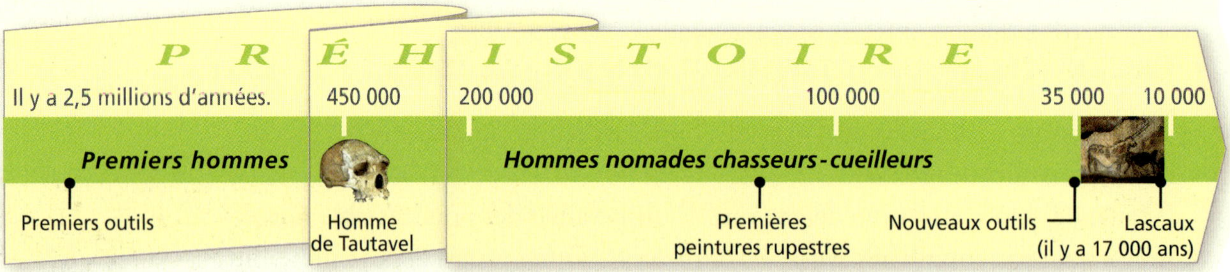

Histoire des arts — Les peintures rupestres, des signes qui restent mystérieux

Tu as remarqué que les hommes préhistoriques peignent surtout des animaux.
Les paysages, le soleil, la lune, le ciel ne sont jamais représentés.

Dans la salle des taureaux, tu peux voir un animal fantastique, une « licorne ».
Quand ils ornent les parois des grottes, les hommes préhistoriques ne veulent pas seulement montrer des animaux. Ces peintures sont d'ailleurs situées dans les profondeurs des grottes, dans l'obscurité. Les scènes représentées, la présence des signes, les mains laissées sur les murs ont sans doute un rapport avec des rites religieux ou magiques.
Aujourd'hui, ces peintures, l'utilisation des lieux, le choix des couleurs continuent à nous fasciner.

DOC. 15 « Licorne » peinte il y a 17 000 ans, salle des taureaux, grotte de Lascaux.

2 Vivre au Néolithique

DOC. 1 **Dolmens à Plouhinec** (Pors-Poulhan, Finistère), **4e millénaire avant notre ère.**

Quelles questions te poses-tu en voyant ces monuments ?

Avant **8 000 avant notre ère** **Après**

DOC. 2a Main au pochoir dans la grotte du Pech Merle (Lot).

DOC. 2b Menhir de Carnac (Morbihan).

DOC. 3a Pointe de sagaie en silex.

DOC. 3b Polissoir.

DOC. 4a Tentes de chasseurs de rennes, site de Niaux (Ariège).

DOC. 4b Reconstitution d'une ferme du Néolithique à Beaune (Côte-d'Or).

DOC. 2c Statues-menhirs (musée Fenaille, Aveyron).

DOC. 3c Outils et armes en métal
(archéodrome de Bourgogne à Meursault).

1. En regardant les documents 2a, 3a et 4a de la première colonne, souviens-toi de ce que tu as appris sur la vie des premiers hommes.
2. Observe les autres documents de cette double page. Décris-les attentivement.
3. Relève ce qui change dans la vie des hommes à partir de 8 000 avant notre ère.

DOC. 4c Peintures montrant des animaux élevés par des hommes, paroi d'une grotte du Sahara, environ 3000 avant notre ère (Tassili des Ajjer, Algérie).

1 Qu'est-ce qui change dans le mode de vie des hommes à partir de 8 000 avant notre ère ?

Les outils

Les hommes fabriquent des outils plus perfectionnés. Les outils en pierre ne sont plus seulement taillés mais polis. Ils sont frottés longuement contre une pierre dure appelée polissoir [Doc. 3b p. 20]. Ces pierres polies sont montées sur des manches en bois [Doc. 6]. Grâce à ce progrès, de nouveaux outils apparaissent comme la hache ou la faucille.

Les débuts de l'agriculture et de l'élevage

Au lieu de se déplacer sans cesse, les hommes choisissent de se rassembler dans des villages. Ils deviennent sédentaires. Les hommes avaient observé depuis longtemps qu'une graine tombée dans le sol donnait une nouvelle plante. À partir de 8 000 avant notre ère, ils récoltent des graines et les sèment sur place. C'est le début de l'agriculture. Cette activité s'ajoute à la chasse, la pêche et la cueillette. Les forêts sont défrichées. L'espace devient alors disponible pour cultiver des céréales (orge, blé, seigle) et élever des chèvres et des moutons. Les hommes construisent des maisons près des champs.

L'artisanat

Les hommes découvrent que l'argile, en cuisant, devient solide. Ils fabriquent des récipients pour stocker, transporter et cuire les aliments.
L'agriculture et l'élevage fournissent de nouveaux matériaux : le lin, la laine. Les hommes trouvent comment filer et tisser. Ils fabriquent les premiers tissus.
En chauffant certaines roches, les hommes obtiennent un matériau mou et malléable à chaud, qui devient très dur et résistant en refroidissant. Ils fabriquent les premiers objets en métal : cuivre, argent, bronze. Ils produisent des armes, des objets domestiques et des bijoux. Vers 900 avant notre ère, les hommes travaillent le fer pour produire des outils plus tranchants et plus solides.

De la pierre…

DOC. 5 Une meule.

DOC. 6 Une hache emmanchée en silex.

DOC. 7 Un couteau à moisson.

au métal…

DOC. 8 Un poignard.

et à la poterie.

DOC. 9 Un vase.

2 Pourquoi les hommes dressent-ils de grandes pierres dans la nature ?

Les premiers hommes ont peint sur les parois des roches. À partir de 8 000 avant notre ère, ils laissent des traces sous la forme de grandes pierres ou mégalithes. On distingue les menhirs et les dolmens.

Les menhirs

Les menhirs sont de longs blocs de pierre dressés [Doc. 2b p. 20] que l'on trouve isolés ou en groupes. Certains sont sculptés [Doc. 2c p. 21].
Les menhirs étaient-ils liés à la religion ? Servaient-ils à marquer un territoire ou à comprendre comment fonctionnait le système solaire ? Pour l'instant, rien ne nous permet de le savoir.

Les dolmens

Les dolmens sont constitués de grandes dalles horizontales posées sur des dalles verticales [Doc. 1 p. 19]. On y a retrouvé des ossements humains. On pense qu'il s'agissait de tombeaux.

DOC. 10 Le site de Stonehenge, en Angleterre, vers 2 500 avant notre ère.

3 Comment s'y prennent-ils pour dresser des menhirs ?

Pour dresser un menhir, les hommes commencent par creuser une fosse. Ils la renforcent avec des rondins.

Puis ils hissent le menhir sur une rampe en terre au-dessus de la fosse.

Ils font basculer le menhir dans la fosse, le redressent à l'aide de cordes avant de combler le trou et de supprimer la rampe.

4 Quand se termine la préhistoire ?

Aujourd'hui, on considère que la préhistoire s'achève vers 3 000 avant notre ère, quand les hommes inventent l'écriture.

Les mots de l'Histoire

- **mégalithes :** monuments constitués de pierres de grande taille.
- **sédentaires :** personnes dont l'habitat est fixe.

DOC. 11 **Tablette cunéiforme, 3e millénaire avant notre ère.** Sur cette tablette, un scribe a noté le nombre d'ânes d'un domaine.

Je sais maintenant

- **Vers 8 000 avant notre ère :**
  – les hommes perfectionnent les techniques pour fabriquer les outils et les premiers objets en métal ;
  – ils deviennent **agriculteurs** et **sédentaires** ;
  – ils dressent dans la nature des **menhirs** et des **dolmens.**
- La **préhistoire** est un temps très long que l'on peut diviser en deux périodes :
  – le **Paléolithique** : les hommes sont chasseurs, cueilleurs et nomades ;
  – le **Néolithique** : les hommes deviennent agriculteurs et sédentaires ;
- L'apparition de l'écriture marque la fin de la préhistoire.

Histoire des arts

Des menhirs à figure humaine

5 000 ans avant notre ère, les hommes sculptent des motifs humains sur d'énormes blocs de pierre. Ce sont les premières sculptures monumentales.
Sur cette statue-menhir, tu peux retrouver les éléments du visage : les yeux, le nez, les joues tatouées. La bouche est absente. Le corps est représenté avec la poitrine, les bras et les mains, les jambes et les orteils. L'artiste a dessiné des éléments du costume : ceinture, collier, objet en forme de Y, plis du vêtement.
Ces sculptures ne sont pas des représentations fidèles de la réalité. Pourtant, elles nous donnent à voir un personnage, parfois une expression. Elles séduisent par leurs traits simples, l'harmonie des courbes. Elles sont le reflet d'une culture et de rites sur lesquels on s'interroge encore.

DOC. 12 « La Dame de Saint-Sernin », statue-menhir, entre 3 000 et 1 500 avant notre ère (musée Fenaille, Rodez, Aveyron).

3 La Gaule au 1er millénaire

DOC. 1 **Casque celte d'apparat en fer, bronze, or, argent et corail, vers 350 avant notre ère** (découvert à Agris, en Charente, et conservé au musée d'Angoulême).

1 Quelle est la fonction de cet objet ?

2 Que nous apprend-il sur les hommes qui l'ont fabriqué ?

Il y a deux mille ans, notre pays s'appelait la Gaule.

Le sol de la Gaule était mal cultivé. On n'y voyait point de routes et point de villes. La terre était presque entièrement recouverte de forêts et les Gaulois, encore barbares, vivaient dans des chaumières sombres et basses, perdues au fond des bois.

Ils savaient fabriquer des poteries, des armes et des bijoux, mais leur industrie et leur art n'étaient pas plus avancés que ceux des peuples sauvages d'aujourd'hui.

E. Lavisse, *Histoire de France : Cours moyen*, Armand Colin, 1912.

DOC. 2 Extrait du manuel d'histoire à l'usage des élèves de cours moyen écrit par Ernest Lavisse.

DOC. 3 **Reconstitution de l'*oppidum* de Vesontio** (Besançon), **ville la plus importante de la tribu des Séquanes** (1er siècle avant notre ère).

DOC. 4 **Reconstitution d'une ferme gauloise** (1er siècle avant notre ère).

Vesontio est située au pied de la colline, protégée par la rivière qui dessine une boucle. Les nombreuses maisons sont construites en bois et en terre et recouvertes d'un enduit de chaux. Elles possèdent des caves et des garde-manger.
Vesontio est entourée d'une enceinte qui la protège et montre aussi son importance.

1. De quel livre est tiré le texte du document 2 ? Quand a-t-il été écrit ? Qu'apprenaient alors les écoliers sur les Gaulois ?
2. Un *oppidum* est un lieu fortifié. Observe le document 3 et dis pourquoi les Gaulois de Vesontio peuvent facilement se défendre.
3. Observe le document 4. Décris la ferme gauloise.
4. Que nous apprennent les documents 3 et 4 sur la campagne et la ville gauloises ?

DOC. 5 Flacon à parfum.

DOC. 6 Sculpture représentant une moissonneuse gauloise.

DOC. 7 Bas-relief montrant le transport de tonneaux.

DOC. 8 Pièce de monnaie gauloise.

DOC. 9 Bijoux gaulois.

DOC. 10 Bouclier gaulois.

5 Observe ces objets utilisés par les Gaulois. Que nous apprennent-ils sur le mode de vie des Gaulois ?

6 Après avoir observé l'ensemble des documents des pages 25, 26 et 27, que penses-tu de la dernière phrase du texte du document 2 p. 26 ?

1 Qui sont les Gaulois ?

Au début de l'**Antiquité**, notre territoire est habité par des populations présentes depuis la Préhistoire.
Au cours du premier millénaire avant notre ère, des tribus se répandent dans presque toute l'Europe. Ce sont les Celtes. Ils sont originaires d'Europe Centrale.
Les Celtes se mêlent aux autres peuples et les affrontent. Ils gagnent le Nord et l'Est de la France actuelle et occupent progressivement une grande partie de notre territoire.
Les Gaulois sont des Celtes installés sur les régions qui deviendront plus tard la France.
Les mots « Gaulois » et « Gaule » viennent du mot ancien « galli ».

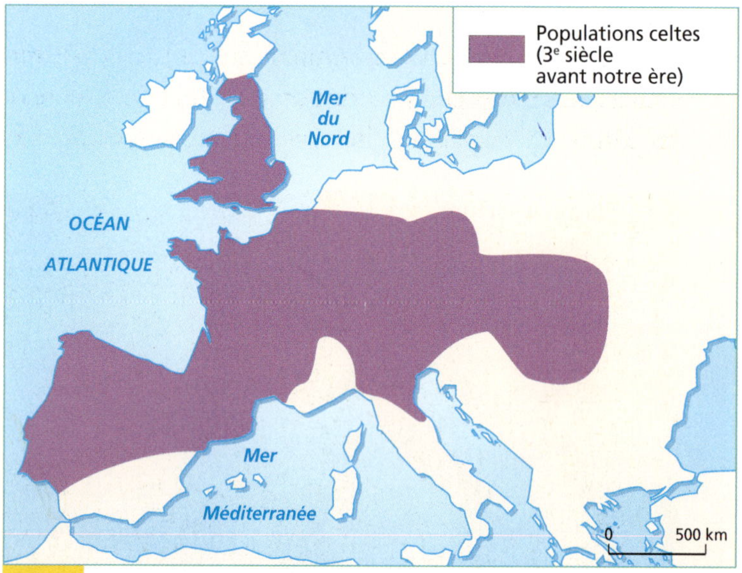

DOC. 11 Les Celtes en Europe.

En t'aidant d'une carte actuelle de l'Europe, dis sur quels territoires se sont installés les Celtes.

2 Les Gaulois sont-ils ces barbares que les livres ont si souvent décrits ?

Légende et réalité

Moustachus, bagarreurs, aimant faire festin, barbares, voilà comment les livres ont présenté nos ancêtres.
Ces légendes ne résistent pas aux travaux des archéologues qui nous apprennent que la civilisation gauloise était une civilisation riche et avancée de l'âge du fer.

Des tribus guerrières

Les tribus gauloises sont dirigées par des chefs guerriers. Les guerres entre les tribus sont fréquentes ainsi que les alliances contre des ennemis communs. Les guerriers gaulois sont des combattants redoutés.

DOC. 12 Vignette de *Astérix chez les Belges*, 1979.

Quel portrait le dessinateur nous fait-il des Celtes ?

Des paysans habiles

La Gaule est un pays riche. Les Gaulois cultivent des céréales [Doc. 6 p. 27] (blé, orge, millet, avoine), des légumes (lentilles), des plantes (chanvre, lin) avec lesquelles ils fabriquent tissus et cordages.

Ils élèvent de la volaille, des vaches, des bœufs, des porcs, des chevaux. Ces animaux leur fournissent le lait et les matières premières (laine, cuir, cornes ou os) avec lesquels les artisans fabriquent des vêtements et des outils quotidiens.

Les fermes gauloises comprennent au centre les bâtiments d'habitation, les ateliers, les étables entourés de potagers. À l'extérieur, se trouvent les champs et les pâtures reliés par des chemins de terre [Doc. 4 p. 26]. La forêt est exploitée.

DOC. 13 Outillage agricole en fer.

Des artisans et des commerçants remarquables

Les Gaulois excellent dans le travail du bois. Ils inventent le tonneau [Doc. 7 p. 27], plus pratique que l'**amphore**. Ils construisent des charrettes, des chariots dont les roues sont cerclées de fer. Ils fabriquent des coffres, des seaux. Les potiers réalisent de nombreux récipients [Doc. 14].

Les Gaulois savent également travailler le fer. Les forgerons fabriquent des armes d'excellente qualité, des outils agricoles très perfectionnés [Doc. 13].

Les commerçants vendent les produits des artisans et des agriculteurs. Pour faciliter les échanges, on utilise la monnaie [Doc. 8 p. 27].

DOC. 14
Haut vase décoré
(4e siècle avant notre ère).

Des territoires organisés et très peuplés

La Gaule est un territoire peuplé. À la campagne, on trouve des fermes isolées, des villages. Les Gaulois édifient des oppidums [Doc. 3 p. 26]. Les populations alentour peuvent s'y réfugier.

À l'intérieur des remparts se tiennent les assemblées, les fêtes et les marchés.

De nombreuses routes sillonnent le territoire de la Gaule.

Les mots de l'Histoire

- **amphore :** vase à deux anses servant à transporter ou à conserver des aliments ou des liquides.
- **Antiquité :** période de l'histoire qui suit la préhistoire et qui commence lorsque les hommes inventent l'écriture.

Je sais maintenant

- Sur le territoire de la Gaule, qui deviendra plus tard la France, des populations sont installées depuis la préhistoire. Elles voient arriver de nouveaux peuples, en particulier les **Celtes**.
- Les Celtes vivant sur notre territoire sont appelés **Gaulois**.
- Les Gaulois s'organisent en tribus. Ce sont des **guerriers**, mais aussi d'**habiles paysans**, des **commerçants**, des **artisans** remarquables et de brillants **artistes**.

Histoire des arts

Les Gaulois, artistes et artisans

Les artisans gaulois peuvent être considérés comme des artistes.
Ils ont laissé des objets du quotidien : casques, parures, bracelets, pièces de monnaie. Pourtant les motifs représentés sur ces objets ne sont pas uniquement décoratifs. Ils témoignent d'un art véritable. Lorsque les artistes gaulois représentent des hommes ou des animaux, ils transforment la réalité. Les éléments sont décomposés, recomposés, stylisés, comme le montrent les chevaux dessinés sur les pièces de monnaie [Doc. 15]. Les artistes contemporains utilisent largement cette façon de représenter autrement la réalité [Doc. 16].

DOC. 15 Pièces de monnaie gauloises (2e-1er siècle avant notre ère).

DOC. 16 Cheval, détail du tableau *Guernica*, peint par Picasso en 1937 (musée Reina Sofia, Madrid).

4 La conquête romaine

DOC. 1 **Légion romaine à l'assaut d'une ville, 2e siècle** (bas-relief de la colonne de Marc-Aurèle, musée de la civilisation romaine, Rome).

1 Observe la façon dont les soldats romains tiennent leurs boucliers.

2 Quel est l'intérêt de cette manière de combattre ?

DOC. 2 La Gaule au 1er siècle avant notre ère.

1 Observe la carte [Doc. 2]. Quelle est la situation de la Gaule au premier siècle avant notre ère ?

2 Quelles tribus gauloises connais-tu ?

3 Lis le texte du document 3 pour savoir ce qui se passe en Gaule quelques dizaines d'années plus tard.

Depuis 6 ans déjà, les armées romaines de Jules César[1] alliées à quelques tribus gauloises combattent les peuples gaulois. Jules César a conquis le Nord de la Gaule et toute la Bretagne. Il réprime sévèrement les révoltes et impose son pouvoir à l'ensemble du territoire. En 52 avant notre ère, Jules César pense avoir soumis toute la Gaule. Il rentre à Rome mais les Gaulois se rebellent à nouveau. Vercingétorix[2] persuade les chefs de différentes tribus de s'unir enfin contre les Romains. Il soumet ses guerriers à une sévère discipline. Il tend des embuscades, attaque les ennemis par surprise. Il demande que l'on brûle les fermes et les réserves de grain pour que les armées de César ne trouvent rien à manger. C'est la tactique de la terre brûlée. César est sévèrement battu à Gergovie. L'armée romaine se replie…

D'après *La Guerre des Gaules*.

Jules César
(pièce de monnaie, 1er siècle avant notre ère).

Vercingétorix
(pièce de monnaie, 1er siècle avant notre ère).

1. Jules César est un général romain qui poursuit la conquête de la Gaule. Il raconte ses exploits dans le livre *La Guerre des Gaules*.

2. Vercingétorix, de la tribu des Arvernes, est un jeune chef parmi les plus puissants de la Gaule. Il encourage ses compatriotes à prendre les armes pour chasser les Romains.

DOC. 3 Jules César battu à Gergovie.

4 Qui est Jules César ? Depuis quand est-il en Gaule et quelle est la raison de sa présence ?

5 Qui est Vercingétorix ? Que propose-t-il aux tribus gauloises ?

6 Comment les guerriers gaulois agissent-ils ?

À Alésia, Vercingétorix souhaite attirer les armées de César pour les prendre entre deux fronts. Les Romains mettent en œuvre leur science militaire. Ils dressent des fortifications redoutables autour de l'*oppidum*. Ils érigent deux lignes de défense. La première, à l'intérieur, permet de se protéger des armées de Vercingétorix enfermées à Alésia. La seconde sert à se défendre contre une armée de secours qui viendrait attaquer les Romains de l'extérieur. Les Gaulois ne peuvent plus recevoir ni vivres ni renforts.

DOC. 4 Le siège d'Alésia.

DOC. 5 Le siège de l'*oppidum* d'Alésia, 52 avant notre ère.

7 Lis le texte [Doc. 4]. Que compte faire Vercingétorix à Alésia ?

8 Observe le document 5. Pourquoi les Gaulois n'ont-ils pas pu vaincre les armées de Jules César ?

Les Romains creusent deux fossés. Sur le remblai, ils élèvent une haute palissade et des tours. Devant les deux fossés, ils dressent cinq rangées de branches d'arbres taillées en pointe. Ils disposent encore huit rangées de pieux en bois, plantés au fond d'un trou, leur pointe aiguisée au feu dressée vers le haut.

1 Qui sont les Romains ?

À l'origine, Rome est une petite ville de l'Italie qui doit se défendre contre ses voisins. Rome se développe et devient puissante. Les Romains disposent d'une armée nombreuse et organisée [Doc. 1 p. 31]. Ils tirent des richesses des pays qu'ils soumettent.

En quelques siècles (du 5e siècle avant notre ère au 2e siècle après notre ère), ils conquièrent l'Italie, puis étendent leur domination sur une grande partie de l'Europe et sur les régions de la Méditerranée.

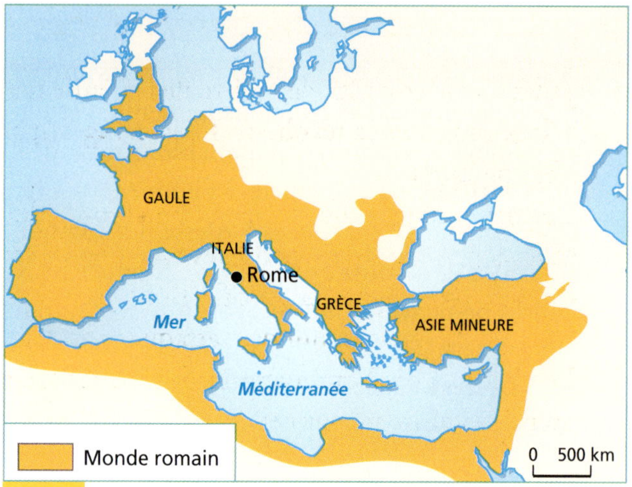

DOC. 6 La Méditerranée au 2e siècle après notre ère.

- À l'aide d'une carte actuelle, situe les pays sur lesquels les Romains ont établi leur domination.

2 Quand la Gaule a-t-elle été conquise ?

La conquête de la Gaule commence en 125 avant notre ère. Les armées romaines occupent d'abord le Sud de la Gaule et fondent la province de la Narbonnaise [Doc. 2 p. 32]. En 58 avant notre ère, pour servir sa gloire, le général Jules César achève la conquête de la Gaule. Il profite de la division des peuples gaulois.
Après quatre ans de combats victorieux, il s'apprête à rentrer à Rome.

DOC. 7 Gobelet d'argent : le triomphe d'un général romain (début du 1er siècle).

DOC. 8 Statue de marbre de Jules César (44 avant notre ère).

- Identifie le personnage représenté sur ce gobelet.
- Où se trouve-t-il ? Que porte-t-il ? Qui peuvent être les hommes autour de lui ?
- À ton avis, quelles raisons ont pu pousser ce personnage à la conquête ?

3 Jules César a-t-il conquis facilement la Gaule ?

Jules César croit être le maître de la Gaule mais, en 52 avant notre ère, plusieurs tribus gauloises se révoltent. Elles se regroupent autour d'un jeune chef arverne, Vercingétorix.

L'armée romaine subit d'abord une lourde défaite à Gergovie [Doc. 3 p. 32].

Vercingétorix pense prendre les armées de César en tenaille à Alésia. Les Romains dressent deux lignes de fortifications [Doc. 5 p. 33] et encerclent les Gaulois à Alésia.

L'armée de secours, qui doit attaquer par derrière, arrive trop tard.

Le chef gaulois Vercingétorix doit se rendre à Jules César qui fait d'Alésia une grande victoire personnelle.

DOC. 9 Soldats romains au combat (2e siècle).

Le lendemain, Vercingétorix convoque l'assemblée. Il déclare : « Je n'ai pas entrepris cette guerre pour mes intérêts personnels mais pour la liberté commune. Puisqu'il faut céder à la fortune, je m'offre à vous, et vous laisse le choix d'apaiser les Romains par ma mort ou de me livrer vivant. » Aussitôt on envoie des messagers à César qui ordonne que les armes et les chefs lui soient remis. Il s'installe sur son retranchement ; on amène les chefs ennemis, on lui livre Vercingétorix, les armes sont jetées à ses pieds.

Jules César, *La Guerre des Gaules*, livre 7, 89, 52 avant notre ère.

DOC. 10 Jules César et la guerre des Gaules.

4 Que deviennent les Gaulois après la défaite d'Alésia ?

Après la défaite d'Alésia, la conquête de la Gaule est définitivement terminée. La Gaule fait alors partie du monde romain [Doc. 6 p. 34]. Le pays est divisé en provinces dirigées par Rome. Les Gaulois doivent payer un **impôt** aux vainqueurs.

La Gaule n'est pas occupée. Les armées romaines sont basées aux frontières, mais elles sont prêtes à réprimer les révoltes et à maintenir la paix.

Les mots de l'Histoire

- **impôt :** les Gaulois doivent remettre une partie de leurs richesses aux Romains.

DOC. 11 Percepteur romain collectant l'impôt (2e siècle).

Je sais maintenant

Les Romains et la conquête du monde méditerranéen

- Par le commerce et la guerre, les Romains :
  - **soumettent** les tribus voisines ;
  - occupent toute l'Italie et **étendent leur domination** dans le monde méditerranéen et sur une partie de l'Europe.
- Les Romains sont présents dans le Sud de la Gaule dès le 2e siècle avant notre ère.

Les Romains et la conquête de la Gaule

- En 58 avant notre ère, **Jules César** profite des divisions entre les tribus gauloises pour achever la conquête de la Gaule.
- Les Gaulois et leur chef **Vercingétorix** résistent. Ils sont battus à **Alésia** en 52 avant notre ère. La Gaule devient romaine.

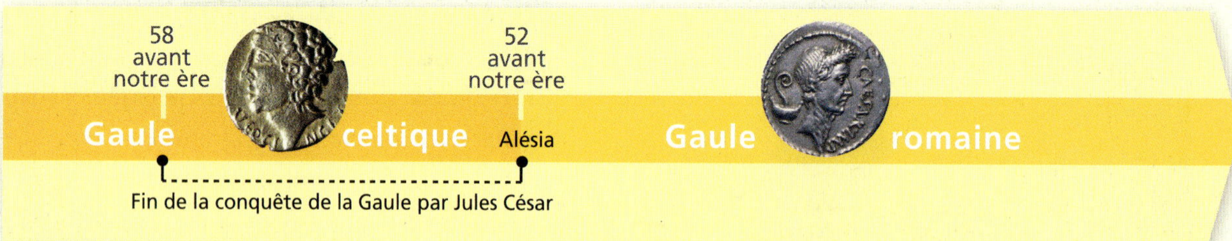

Histoire des arts

Alésia vu par les artistes

Sur le tableau daté de 1899, Vercingétorix occupe la moitié de l'espace et défie le vainqueur. Son attitude est fière. Dans le dessin, on retrouve les mêmes éléments : le vaincu au premier plan dans une attitude de domination. Le dessinateur traite par l'humour la remise des armes à César par le chef arverne après le siège d'Alésia. Le peintre et le dessinateur n'ont pas cherché à montrer la vérité historique. Ils ont voulu donner une image flatteuse de Vercingétorix et faire de lui un héros pour la France.

DOC. 12 *Vercingétorix jette ses armes aux pieds de César*, Lionel Royer, 1899 (musée Crozatier du Puy-en-Velay).

DOC. 13 Vignette de *Astérix et le bouclier arverne*, 1967.

5 Des Romains en Gaule

DOC. 1 **Une voie romaine** (commune de Villetelle, Hérault).

DOC. 2 Amphithéâtre romain du 1er siècle à Nîmes.

DOC. 3 Théâtre romain du 1er siècle à Orange.

Observe ces documents et dis ce que les Romains ont apporté en Gaule.

Les villes ont besoin de grandes quantités d'eau. Cette eau est amenée à Vesontio des sources d'Arcier, situées à environ 10 km de la ville, par un aqueduc.

A

B La Porte Noire (2e siècle).

La population de Vesontio passe une grande partie de son temps libre à l'amphithéâtre. Elle y assiste à des scènes de chasse, à des combats d'animaux ou de gladiateurs.

C

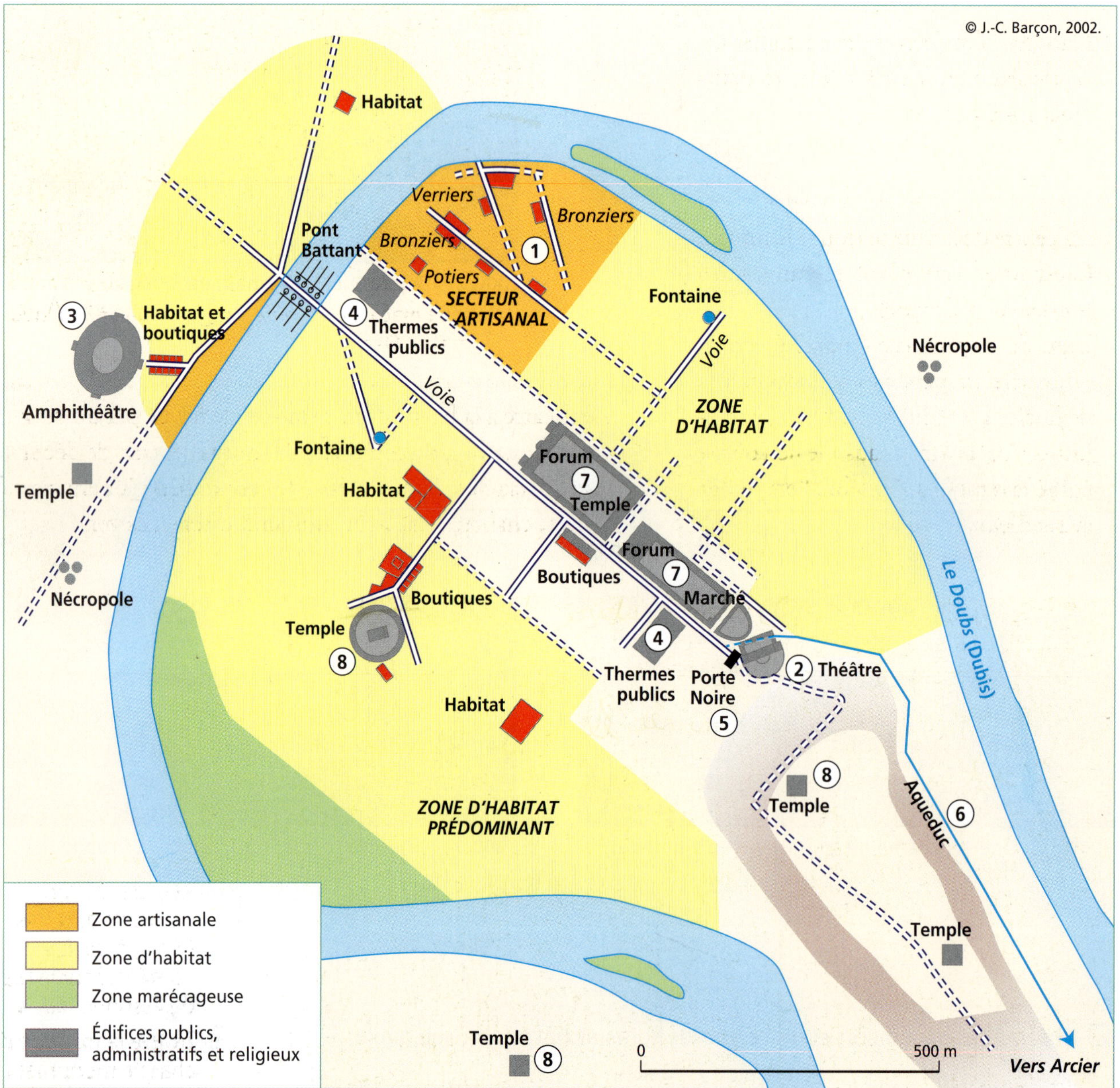

DOC. 4 **Vesontio** (Besançon) **une ville gallo-romaine** (plan schématique de Besançon antique, vestiges du 1er siècle à la fin du 2e siècle après notre ère).

D **Un tonnelier** (2e siècle).

Dans les ville s'élèvent des temples où la population honore les dieux romains mais aussi gaulois.

E

Au centre de la ville se trouve le forum. C'est une vaste place rectangulaire bordée de boutiques.
Lieu de commerce (marché) et de rencontre, les personnages importants de la cité s'y réunissent. On y rend la justice. Le forum est aussi le lieu où est édifié le temple qui célèbre l'empereur et les dieux.

F

On a donné le nom de « Porte Noire » à un arc de triomphe construit pour célébrer les victoires de l'empereur romain Marc Aurèle.

H

Les Gaulois adoptent les habitudes des Romains, comme celle de fréquenter les bains publics appelés thermes.

I

J **Conduit maçonné et voûté amenant l'eau à Vesontio** (1er – 2e siècles).

Le théâtre a la forme d'un demi-cercle fermé par un mur orné de statues, de colonnes, de motifs servant de décor aux spectacles. Sur la scène, les comédiens jouent des pièces, chantent, dansent, miment, disent des vers.

K

G **Des gladiateurs dans l'arène** (4e siècle).

1. Associe chacun de ces documents (A à K) à un lieu numéroté sur le plan de Vesontio [Doc. 4].
2. Trouve la fonction de chaque monument, construction ou lieu.

1 Comment se manifeste la domination des Romains ?

Après la conquête romaine [chapitre 4], la Gaule se transforme. C'est surtout dans les villes que se manifeste l'influence des Romains.

Les villes

Pour diriger la Gaule, Rome crée des villes nouvelles et transforme les anciennes. Les villes se couvrent de monuments prestigieux – forum, arc de triomphe, temple – qui montrent la puissance de Rome. Les citadins adoptent rapidement les coutumes et le mode de vie des Romains. Ils fréquentent les thermes, assistent aux spectacles dans les amphithéâtres et les théâtres.

- Observe la disposition des rues. Que constates-tu ?
- Observe à nouveau le plan de Vesontio, [Doc. 4 p. 38]. Retrouves-tu la même organisation ? Que peux-tu dire des villes romaines ?

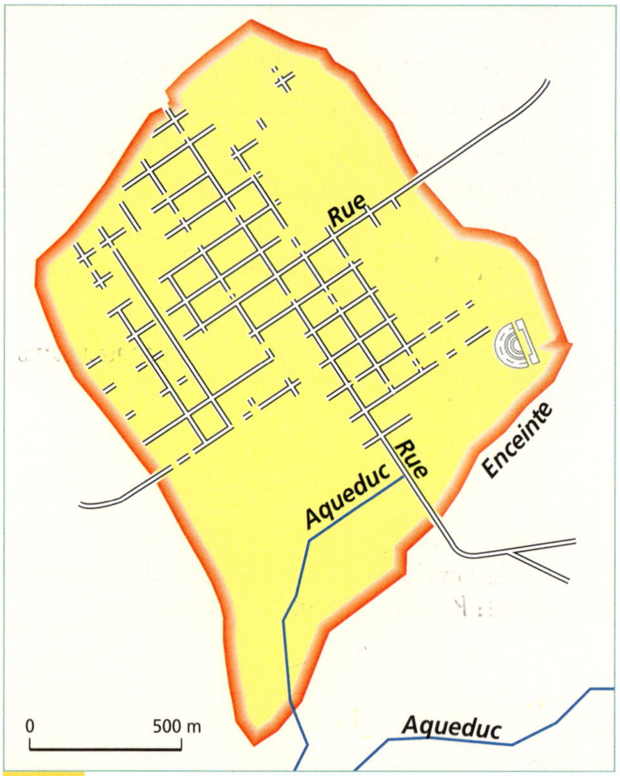

DOC. 5 Plan romain de la ville d'Autun.

Les routes

À partir des chemins tracés par les Gaulois, les Romains développent un réseau de routes et de voies. Ce réseau relie les villes et couvre l'ensemble de la Gaule. Il facilite les échanges de marchandises et le déplacement des armées.

Les campagnes

Les transformations sont moins visibles. La majorité des Gaulois sont des agriculteurs habiles. Les Romains adoptent les techniques, le savoir-faire des Gaulois. Ils développent le commerce du vin. La campagne se couvre de grands domaines appelés villae. Grâce à la paix assurée par les armées romaines, la Gaule devient un pays riche et prospère.

DOC. 6 Vue aérienne de la villa de Montmaurin (Haute-Garonne) édifiée au 1er siècle et modifiée du 3e au 5e siècle.

2 Comment les Gaulois et les Romains réussissent-ils à vivre ensemble ?

Les Romains ne cherchent pas à opposer les vainqueurs et les vaincus.

- Ils autorisent les notables gaulois à participer à l'organisation et à la direction des villes et du pays.
- Au fil des années, de nombreux Gaulois disposent des mêmes droits que les Romains.
- Les guerriers gaulois peuvent s'engager dans les armées romaines.

DOC. 7 Riche marchand gaulois (2e siècle).

Ce marchand a adopté la façon de vivre des Romains. Décris ses vêtements.

3 Pourquoi parle-t-on de Gallo-Romains ?

Rome unifie et organise la Gaule.

- Les Gaulois, surtout dans les villes, adoptent les usages et la langue des Romains, le latin, enseigné dans les écoles.
- Ils conservent néanmoins leurs traditions, leurs dieux et transmettent aux occupants leur savoir-faire dans l'artisanat et l'agriculture.
- Ce mélange de nouveautés et de traditions forme la civilisation gallo-romaine.

DOC. 8 Maître enseignant les textes latins à ses élèves (2e siècle).

Les mots de l'Histoire

- **notables :** personnages importants dans une ville, une région.
- ***villa*** (*villae* au pluriel) : grande exploitation agricole qui comporte les habitations du propriétaire et des ouvriers, ainsi que les bâtiments agricoles. La *villa* exploite un grand domaine.

Je sais maintenant

- Les **Romains** sont maîtres de la Gaule :
  – ils contrôlent et organisent le pays ;
  – ils construisent des **villes** selon le modèle des villes romaines ;
  – ils apportent un autre mode de vie, ainsi qu'une langue, le **latin**.
- Les **Gaulois** :
  – adoptent les usages des Romains ;
  – mêlent ces usages à leurs traditions.
- Une civilisation originale naît : la **civilisation gallo-romaine**, qui va prospérer grâce à la paix romaine.

Histoire des arts

Les Romains et l'art de la construction

DOC. 9 Le pont du Gard construit par les Romains au 1er siècle. Cet aqueduc permettait d'acheminer l'eau jusqu'à la ville de Nîmes. Il est haut de 49 mètres.

Les Romains ont été de remarquables bâtisseurs. Ils ont couvert la Gaule et les régions qu'ils dominaient de temples, aqueducs, amphithéâtres, thermes, arcs de triomphe.
Le pont du Gard est un magnifique exemple de l'art de la construction des Romains.
Les Romains ont utilisé la voûte et les arcs. Cette technique permet de construire des bâtiments solides et audacieux.

DOC. 10 Le viaduc de Garabit construit par Eiffel de 1880 à 1884. Il est haut de122 mètres. Il a permis de relier Paris à Béziers par le chemin de fer.

Au 19e siècle, l'ingénieur Eiffel construit des ponts et des viaducs vertigineux. Le viaduc de Garabit s'appuie sur un seul arc gigantesque. Les progrès techniques permettent de remplacer la pierre par le métal.

6 Les premiers chrétiens au temps de la Gaule romaine

DOC. 1 **Le calvaire de la Chapelle, Bréhat** (18e siècle).

DOC. 2 **Vierge à l'enfant** (statue du 12e siècle).

DOC. 3 **La chapelle Notre-Dame du Haut à Ronchamp** (Haute-Saône), **dessinée par Le Corbusier** (1955).

DOC. 4 **« Le repas des Anges », mosaïque réalisée par Marc Chagall** (1975), **église Sainte-Roseline, Les Arcs-sur-Argens** (Var).

Les œuvres présentées sur cette page datent d'époques différentes, certaines sont très anciennes, d'autres très récentes. Elles sont les témoins de l'existence d'une religion, le christianisme. Née il y a deux millénaires, elle a marqué très fortement les hommes.

Quel est le lien entre tous ces documents ?

DOC. 5 **Jésus et ses disciples, les fondateurs du christianisme** (mosaïque du 6e siècle).

Jésus s'approcha d'eux et adressa ces paroles : « [...] Allez donc : faites des disciples de tous les peuples, baptisez-les [...]. »

Évangile selon Matthieu, 28, 18-19 (1er siècle).

DOC. 6 **Une religion tournée vers tous les peuples.**

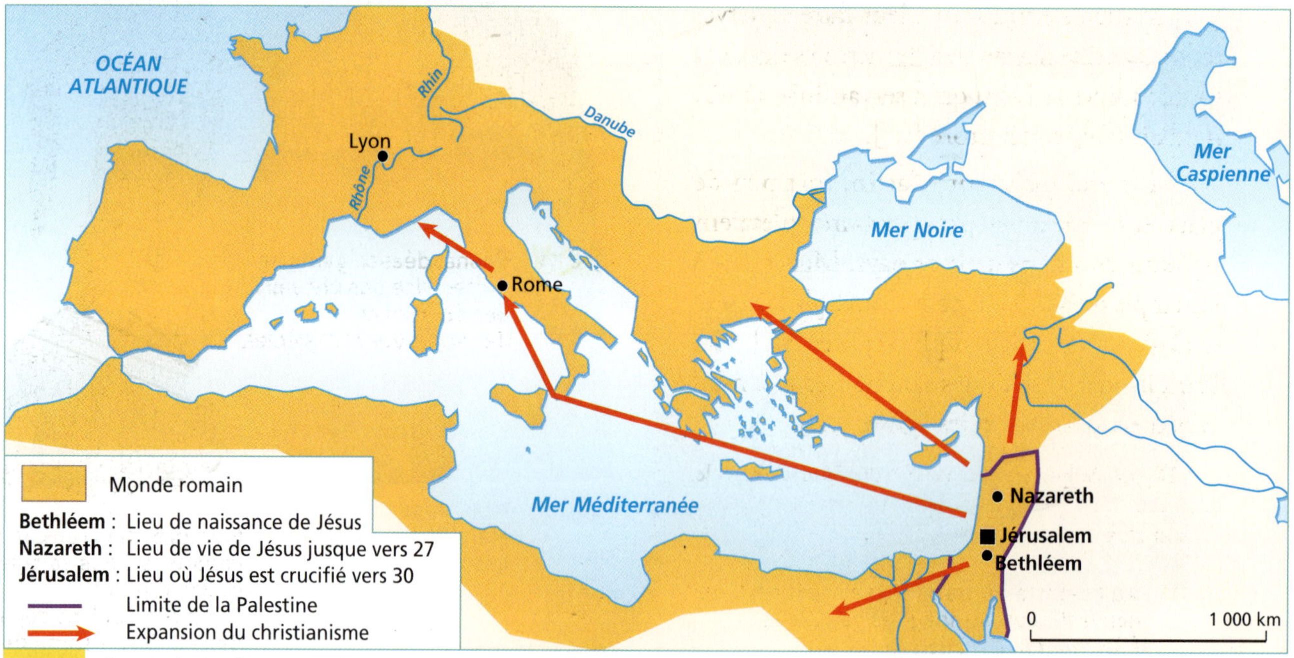

DOC. 7 **Le christianisme se répand autour de la Méditerranée.**

1. D'après les documents 5 et 6, quels personnages sont à l'origine d'une nouvelle religion, le christianisme ?
2. Observe la carte [Doc. 7] et lis le texte [Doc. 6]. Dans quelle région le christianisme est-il né ? Où et comment se répand-il ?

Les chrétiens supportèrent tous les sévices[1] innombrables que leur infligeait la foule entière : ils furent insultés, frappés, traînés à terre, pillés, lapidés[2], emprisonnés, torturés [...]. Ils refusèrent de renier leur foi.

Blandine, suspendue à un poteau, était exposée pour être la pâture[3] des bêtes qu'on lâchait sur elle.

[...] Après les fouets, après les fauves, après la chaise de feu, on enferma Blandine dans un filet pour la livrer au taureau. À plusieurs reprises, elle fut lancée en l'air par l'animal mais elle ne s'apercevait pas de ce qui lui arrivait à cause de son espérance, de sa foi et de sa prière au Christ. On finit par l'égorger.

D'après la *Lettre des chrétiens de Vienne et de Lyon à leurs frères d'Asie et de Phrygie* (Turquie actuelle), 2e siècle, citée par Eusèbe de Césarée.

1. tortures, supplices – **2.** tués à coup de pierres – **3.** nourriture

DOC. 8 Les chrétiens persécutés par les autorités romaines en 177 à Lyon.

DOC. 9 « Alexamenos adore son dieu », les Romains se moquent des premiers chrétiens (graffiti retrouvé à Rome, 2e ou 3e siècle).

Dans un village, Martin avait détruit un temple païen[1] fort ancien. Il entreprit d'abattre un pin sacré tout proche de ce lieu. Alors, le prêtre de ce temple et toute la foule des païens commencèrent à lui opposer de la résistance. [...] Martin s'employait à leur faire observer qu'une souche n'avait rien de sacré : ils devaient plutôt suivre le Dieu qu'il servait lui-même ; il fallait couper cet arbre [...].

Il est vrai qu'avant Martin, fort peu de gens, et même à peu près personne, n'étaient devenus chrétiens dans ce pays. Mais grâce à l'exemple de Martin il ne se trouve plus un seul endroit qui ne soit rempli d'églises [...]. Car là où il avait détruit des sanctuaires païens, il construisait aussitôt des églises [...].

D'après Sulpice Sévère, *Vie de saint Martin*, 6e siècle.

1. non chrétien

DOC. 10 Au 4e siècle après J.-C., saint Martin veut convertir les campagnes gauloises à la religion chrétienne.

DOC. 11 Épona, déesse gauloise protectrice des chevaux, des écuries et des voyageurs (2e siècle).

DOC. 12 Mercure, dieu romain du commerce, des voyageurs et des voleurs. Son culte est très répandu dans la Gaule romaine.

3 Lis et observe les documents 8 et 9. Que subissent les premiers chrétiens ?

4 Lis le deuxième texte [Doc. 10] et observe les documents 11 et 12. Quelles sont les religions présentes dans la Gaule romaine ? Que fait saint Martin au 4e siècle ? Quelle religion progresse ?

1 Quelles sont les religions présentes dans la Gaule romaine avant le christianisme ?

Les peuples de la Gaule ont adopté de nombreux dieux romains [Doc. 12 p. 45]. Cependant, les Gallo-Romains gardent de nombreuses croyances d'origine celte [Doc. 11 p. 45]. On dit qu'ils sont polythéistes, c'est-à-dire qu'ils croient en plusieurs dieux.
Pour marquer leur attachement à Rome, les Gallo-Romains doivent rendre un culte à l'Empereur de Rome, c'est-à-dire l'honorer comme un dieu.

DOC. 13 Temple consacré à la famille de l'Empereur Auguste (Nîmes, 1er siècle).

2 D'où vient le christianisme ?

Un nouveau mouvement religieux, le christianisme, naît en Palestine au 1er siècle de notre ère.
Un **Juif** nommé Jésus annonce que le Royaume de Dieu arrive. Il affirme que tous les hommes doivent s'aimer les uns les autres. Arrêté, il est **crucifié** par les Romains vers l'an 30. Les **disciples** de Jésus vont porter son message dans l'Empire romain. Ils fondent une nouvelle religion, le christianisme. Les chrétiens croient que Jésus est le Christ, le sauveur attendu. Ils racontent que trois jours après sa mort sur la croix, Jésus est ressuscité et qu'il est le Fils de Dieu. Le livre saint des chrétiens est la Bible.

Peu à peu, les chrétiens fondent des communautés tout autour de la Méditerranée. Ils s'organisent et forment l'Église. Ce terme signifie « l'assemblée » des fidèles.

DOC. 14 Une représentation de la Résurrection de Jésus (miniature du 15e siècle).

3 Comment la Gaule romaine devient-elle chrétienne ?

Le christianisme, une religion d'abord persécutée

Comme les chrétiens sont monothéistes (pour eux il n'existe qu'un seul Dieu), ils refusent de rendre un culte à l'Empereur. Les Romains les condamnent.
Les chrétiens préfèrent mourir plutôt que d'abandonner leur **foi**. Ils subissent le **martyre**, comme Blandine [Doc. 8 p. 45]. Le christianisme continue de se diffuser malgré tout.
Les fidèles vont rendre hommage aux martyrs, victimes des persécutions. C'est l'origine du culte des saints, c'est-à-dire des chrétiens exemplaires pour l'Église.

Le succès du christianisme aux 4e-5e siècles

Au 4e siècle, les persécutions cessent. Le christianisme est toléré, puis il devient la religion officielle de l'Empire romain.
Au 4e siècle, un soldat devenu chrétien, saint Martin de Tours, parcourt la Gaule [Doc. 10 p. 45]. Il répand la religion chrétienne dans les campagnes et veut éliminer les anciennes croyances.
Les chrétiens bâtissent des églises pour célébrer leur culte le dimanche. Ils construisent des baptistères [Doc. 15], des bassins utilisés pour le baptême.
Au 5e siècle, le christianisme triomphe, la Gaule romaine est devenue chrétienne.

DOC. 15 Baptistère de Fréjus (5e siècle après J.-C.).

4 Le christianisme est-il encore présent aujourd'hui ?

Le christianisme marque encore la vie de tous les jours :
– en France, il y a beaucoup d'églises, de calvaires, d'œuvres d'art inspirées par la religion [Docs. 1 à 4 p. 43] ;
– dans le calendrier, les années sont comptées depuis la naissance de Jésus-Christ [Doc. 16] ;
– de nombreux jours fériés ont une origine chrétienne comme Noël, Pâques, l'Ascension, la Pentecôte, etc. [Doc. 16] ;
– des prénoms comme Marie, Anne, Pierre, Paul, Jacques, Jean, Joseph, Martin sont ceux de personnages importants du christianisme.

MARS				AVRIL				MAI			
1	V	Aubin		1	L	Hugues	14	1	M	**Fête du travail**	
2	S	Charles-le-Bon		2	M	Sandrine		2	J	Boris	
3	D	Guénolé		3	M	Richard		3	V	Phil., Jacques	
4	L	Casimir	10	4	J	Isidore		4	S	Sylvain	
5	M	Olive		5	V	Irène		5	D	**Judith**	
6	M	Colette		6	S	Marcellin		6	L	Prudence	19
7	J	Félicité		7	D	**Pâques**		7	M	Gisèle	
8	V	Jean de Dieu		8	L	**L. Pâques**	15	8	M	**Victoire 1945**	
9	S	Françoise		9	M	Gautier		9	J	**Pacôme**	
10	D	Vivien		10	M	Fulbert		10	V	Solange	
11	L	Rosine	11	11	J	Stanislas		11	S	Estelle	
12	M	Justine		12	V	Jules		12	D	**F. Jeanne d'Arc**	
13	M	Rodrigue		13	S	Ida		13	L	Rolande	20
14	J	Mathilde		14	D	Maxime		14	M	Matthias	
15	V	Louise		15	L	Paterne	16	15	M	Denise	
16	S	Bénédicte		16	M	Benoît J.		16	J	**Ascension**	
17	D	Sébastien		17	M	Anicet		17	V	Pascal	
18	L	Cyrille	12	18	J	Parfait		18	S	Eric	
19	M	Joseph		19	V	Emma		19	D	Yves	
20	M	Herbert		20	S	Odette		20	L	Bernardin	21
21	J	Clémence		21	D	Anselme		21	M	Constantin	
22	V	Léa		22	L	Alexandre	17	22	M	Emile	
23	S	Victorien		23	M	Georges		23	J	Didier	
24	D	Catherine		24	M	Fidèle		24	V	Donatien	
25	L	**Annonciation**	13	25	J	Marc		25	S	Sophie	
26	M	Larissa		26	V	Alida		26	D	**Pentecôte**	
27	M	Habib		27	S	Zita		27	L	**L. de Pentecôte**	22
28	J	Gontran		28	D	**Jour du Souvenir**		28	M	Germain	
29	V	Gwladys		29	L	Cath. de Sienne	18	29	M	Aymard	
30	S	Amédée		30	M	Robert		30	J	Ferdinand	
31	D	**Rameaux**						31	V	Visitation	

DOC. 16 Extrait d'un calendrier.

Les mots de l'Histoire

- **baptême :** cérémonie par laquelle on devient chrétien.
- **calvaire :** croix en plein air qui rappelle la mort de Jésus-Christ.
- **crucifier :** infliger à une personne le supplice qui consiste à la faire mourir attachée ou clouée à une croix.
- **disciples :** ceux qui suivent les idées d'un maître.
- **foi :** croyance et confiance en Dieu.
- **Juif :** au 1er siècle, habitant de la Palestine appelée aussi Judée. Les Juifs croient en un seul Dieu.
- **martyre :** ensemble des souffrances subies par une personne mise à mort à cause de sa foi.

Je sais maintenant

- Les **Gallo-Romains** sont **polythéistes** : ils honorent des dieux gaulois et des dieux romains.
- Le **christianisme** apparaît en Gaule au 2e siècle après J.-C. Il se caractérise par la **croyance en un Dieu unique**. Les premiers chrétiens sont violemment persécutés.
- Au 4e siècle, le **christianisme** est toléré, puis devient la **religion officielle de l'Empire romain.** Au 5e siècle, le monde gallo-romain est devenu chrétien.
- Le **christianisme** est aujourd'hui une des grandes religions du monde.

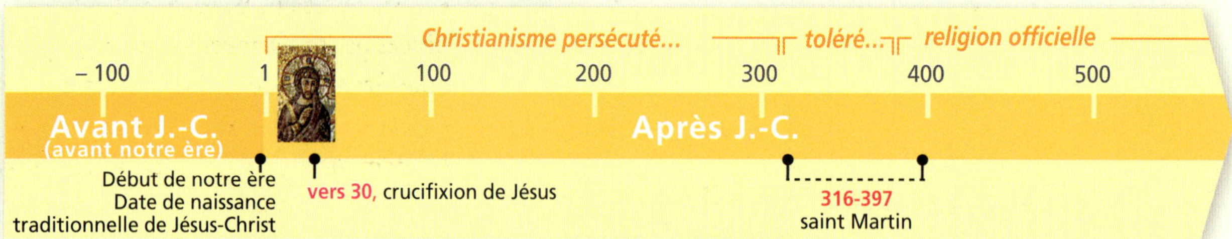

Histoire des arts

La légende de saint Martin dans la peinture

Le culte des saints a fortement influencé l'art européen comme tu peux le constater sur ces deux œuvres d'époques très différentes. Sur la fresque, peinture murale réalisée sur un mélange de sable, de chaux et d'eau, comme sur le tableau peint par Le Greco, un cavalier à fière allure partage son manteau avec un homme maigre et dénudé, comme le raconte la légende de saint Martin.

Dans l'œuvre du Greco, tu vois des couleurs chaudes comme les bruns de l'armure, d'autres plus vives comme le vert du manteau. Le cavalier et le mendiant occupent toute la place de la terre jusqu'au ciel. Dans la fresque, tu retrouves le rouge et le vert. Les personnages sont à la fois de face et de côté. Cette scène illustre une valeur chrétienne : la charité.

DOC. 17 Fresque de Gombreny, 11e siècle (musée Episcopal de Vic, Espagne).

DOC. 18 *Saint Martin partageant son manteau avec un pauvre*, Le Greco, 1597-1599 (National Gallery of Art, Washington).

7 Clovis, Charlemagne et Hugues Capet

DOC. 1 Manuscrit enluminé issu des *Grandes Chroniques de France* (14e siècle, BNF).

En ce temps, le roi Clovis n'était pas encore chrétien. Beaucoup d'églises furent pillées par son armée. Un jour, ses guerriers enlevèrent d'une église un très beau vase. L'évêque envoya un messager au roi pour lui demander ce vase. Clovis lui répondit : « Suis-nous jusqu'à Soissons et si le sort me donne ce vase, je le remettrai à l'évêque. » À Soissons, le roi dit : « Je vous prie, braves guerriers, de bien vouloir m'accorder ce vase en plus de ma part du butin. » Tous acceptèrent. Or un guerrier jaloux leva sa hache et frappa le vase en disant : « Tu n'auras rien ici que ce que le sort te donnera vraiment. » Le roi ne montra pas sa colère. Un an après, Clovis passa en revue son armée. Il s'approcha du guerrier qui avait frappé le vase et lui dit : « Nul autre n'a des armes aussi mal tenues que les tiennes. » Il saisit la hache de l'homme et la jeta à terre. Le guerrier s'inclina pour la ramasser. Le roi leva sa hache et la lui abattit sur la tête en disant : « Voilà ce que tu as fait au vase de Soissons. »

D'après Grégoire de Tours, *Histoire des Francs*, 7e siècle.

DOC. 2 Clovis et le vase de Soissons.

1. Lis le récit [Doc. 2] et observe l'image [Doc. 1]. Retrouve sur l'image les personnages du récit.
2. Cherche dans le texte le passage illustré par l'image. Quelle différence notes-tu entre le texte et l'image ?

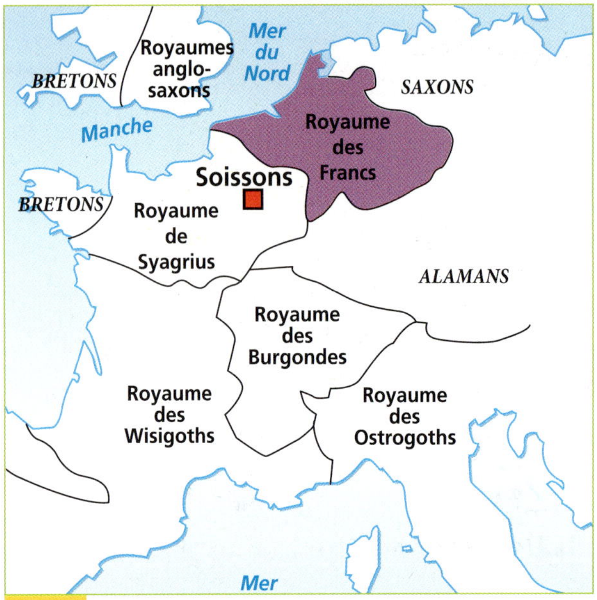

DOC. 3 Le royaume des Francs en 481.

DOC. 4 Le royaume des Francs à la mort de Clovis.

MOYEN

476 496

Les rois mérovingiens

Invasions barbares

Chute de l'Empire romain

481-511 : Règne de Clovis

Baptême de Clovis

DOC. 7 **Le baptême de Clovis** (détail d'une plaque de reliure en ivoire et bronze doré, 9e siècle).

Observe les cartes et lis la frise chronologique.

1. Quels territoires Clovis a-t-il conquis ?
2. Compare l'Empire de Charlemagne [Doc. 5] et le royaume des Francs à la mort de Clovis [Doc. 4].
3. Que se passe-t-il après la mort de Charlemagne ?
4. À quelle famille de rois appartient Clovis ? Combien de temps ces rois vont-ils régner ?
5. À quelle date le roi Clovis a-t-il été baptisé ?
6. À quelle date l'histoire du vase de Soissons [Doc. 2] a-t-elle pu avoir lieu ?
7. Quelle famille de rois succède aux descendants de Clovis ?
8. Retrouve les dates du règne de Charlemagne et de son couronnement.
9. À quelle nouvelle famille de rois Hugues Capet donne-t-il son nom ?

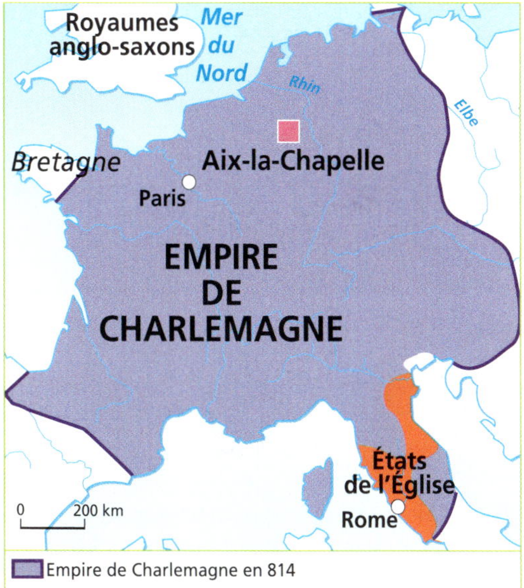

DOC. 5 L'Empire de Charlemagne en 814.

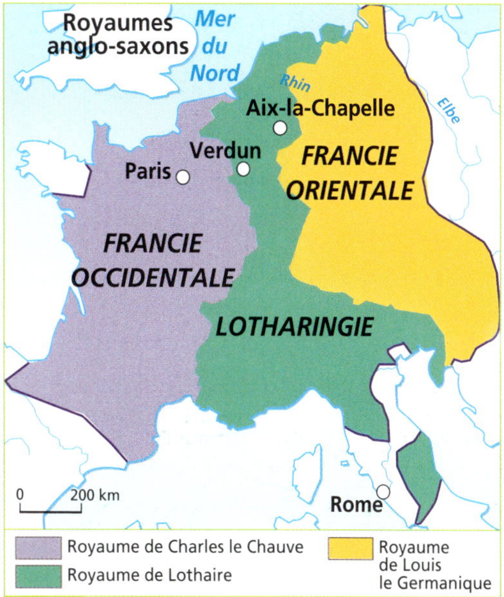

DOC. 6 Le partage de l'Empire carolingien entre les trois petits-fils de Charlemagne, en 843.

ÂGE

751 — 800 — 987

Les rois carolingiens | Les rois capétiens

8-814 : Règne de Charlemagne

Charlemagne couronné empereur

987-996

Règne d'Hugues Capet

DOC. 8 Le couronnement de Charlemagne (miniature du 14e siècle).

DOC. 9 Le couronnement d'Hugues Capet (miniature du 14e siècle).

1 Qui est Clovis ?

L'Empire romain d'Occident disparaît en 476. Des **peuples barbares** s'installent en Gaule. Les Francs occupent tout le Nord de l'ancienne Gaule et de l'actuelle Belgique. En 481, Clovis devient roi des Francs. Sous son commandement, les Francs font la conquête d'autres royaumes barbares et agrandissent leur territoire [Docs. 3 et 4 p. 50].

Dans le récit du vase de Soissons [Doc. 2 p. 49], Clovis punit le guerrier qui veut garder le vase réclamé par l'**évêque**. En agissant ainsi, Clovis montre qu'il est le chef des Francs et qu'il choisit de se rapprocher de l'Église.

Clovis fonde la première **dynastie** de rois de France, celle des Mérovingiens.

La France tient son nom du peuple franc. Le français est né de la langue latine adoptée par les Francs.

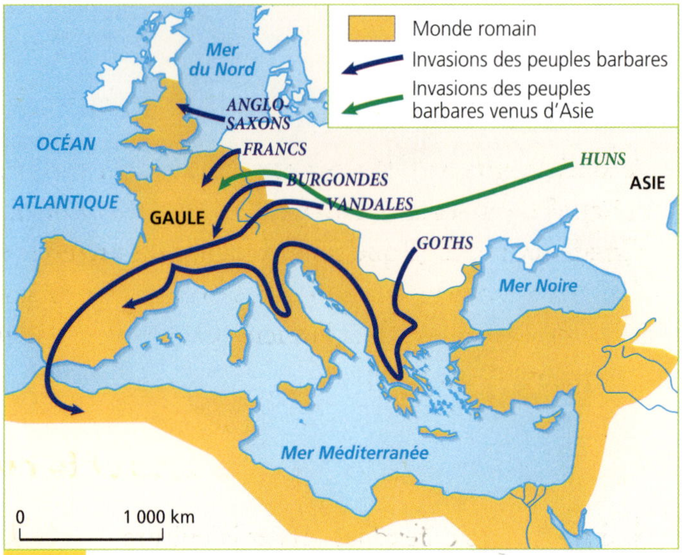

DOC. 10 Le monde romain au début du 5e siècle après J.-C.

- Compare cette carte avec celle du document 3 p. 50.
- Quels peuples barbares retrouves-tu ?
- Dis ce qu'est devenue la Gaule romaine.
- Repère d'où viennent les Francs.

2 Pourquoi le baptême de Clovis est-il un événement important ?

Vers 496, le dimanche 25 décembre, Clovis **se convertit** au christianisme. Il est baptisé par saint Rémi, évêque de Reims.

Clovis s'impose comme le maître de la Gaule chrétienne avec l'appui de l'Église.

DOC. 11 Baptême de Clovis (**miniature** du milieu du 13e siècle, BNF).

3 Qui est Charlemagne ?

En 751, Pépin le Bref détrône les rois mérovingiens qui ont perdu peu à peu leur autorité. Il fonde une nouvelle dynastie : les Carolingiens. Charlemagne, fils de Pépin le Bref, hérite d'un très vaste domaine. Il l'étend par la guerre. Sur les terres conquises, les peuples doivent se convertir au christianisme. En l'an 800, Charlemagne se fait couronner Empereur par le pape à Rome. Il reprend le modèle des empereurs romains.

DOC. 12 Pièce de monnaie (denier d'argent de Charlemagne, vers 812).

4 Comment est dirigé l'Empire de Charlemagne ?

Charlemagne veut diriger et contrôler son Empire. Depuis sa capitale Aix-la-Chapelle, partent ses envoyés : les *missi dominici*. Dans cet empire immense, Charlemagne exige que tous ses sujets lui prêtent serment de fidélité.
Charlemagne meurt en 814. En 843, l'Empire est partagé en trois royaumes [Doc. 6 p. 51]. Parmi eux, il y a la Francie occidentale à partir de laquelle va se constituer le territoire de la France.

5 Quelle place tiennent les arts et la culture à l'époque carolingienne ?

Charlemagne défend les arts et la culture. Il ouvre des écoles pour l'étude du latin et des textes antiques. Il s'entoure de savants. Une nouvelle écriture, la caroline, est adoptée. Simple à utiliser, elle favorise la diffusion des textes. De magnifiques **manuscrits** sont copiés et **enluminés** [Doc. 13].
Le renouveau culturel concerne aussi l'architecture. Des centaines d'églises décorées de mosaïques sont construites.

DOC. 13 **Écriture caroline** (manuscrit d'une Bible de 845, BNF). Une lettrine enluminée décore le texte.

6 Qui est Hugues Capet ?

Le pouvoir des rois carolingiens en Francie occidentale s'affaiblit considérablement. Au 9e siècle, les invasions des Vikings, appelés aussi Normands, aggravent la situation.
En 987, le dernier des rois carolingiens meurt sans héritier direct. Les familles les plus puissantes du royaume élisent un roi, Hugues Capet, issu d'une autre famille.
Hugues Capet est à l'origine d'une importante dynastie de rois appelés les Capétiens. Ils se succèdent en France jusqu'à la mort de Louis XVI en 1793.

DOC. 14 **Hugues Capet** (miniature du 13e ou 14e siècle, BNF).

Les mots de l'Histoire

- **dynastie :** famille de rois qui se succèdent.
- **enluminure :** image ou décoration qui embellit un manuscrit.
- **évêque :** personnage important de l'Église chrétienne.
- **manuscrit :** livre écrit à la main.
- **miniature :** petite image représentant une scène ou un personnage.
- **peuple barbare :** peuple extérieur à l'empire romain.
- **se convertir :** adopter une religion, changer de religion.

Je sais maintenant

- À la fin du 5e siècle, des peuples barbares occupent l'ancienne Gaule romaine.
- Parmi eux, il y a les **Francs** dont le roi, **Clovis**, baptisé en 496, **devient chrétien**. La France tient son nom de ce peuple.
- Les successeurs de Clovis sont remplacés par les **Carolingiens**. L'un d'eux, **Charlemagne**, devient Empereur en l'an 800.
- En 987, **Hugues Capet** devient roi. Il est à l'origine de la dynastie des futurs rois de France : les **Capétiens**. Ils ont succédé aux Carolingiens.

Histoire des arts — Un poème à la gloire de Charlemagne et de ses fidèles compagnons

Au Moyen Âge, l'époque de Charlemagne devient légendaire. Au 12e siècle, la *Chanson de Roland* raconte la mort du neveu de Charlemagne, le comte Roland, à Roncevaux. C'est une des plus anciennes chansons de geste, poème qui raconte les exploits guerriers des rois ou des chevaliers. Cette scène est fréquemment illustrée depuis le Moyen Âge.

> Le comte Roland, à grand'peine, à grand effort, à grande douleur, sonne son olifant. De sa bouche jaillit le sang clair. [...] Du cor qu'il tient, le son porte fort loin : Charles l'entend, qui passe les ports. Le duc Naimes l'entend, et tous les Français l'écoutent. Le roi dit : « J'entends le cor de Roland ! Jamais il n'en sonnerait s'il ne livrait bataille. »
>
> Extrait de la *Chanson de Roland*, fin du 11e siècle.

DOC. 15 Roland soufflant dans son olifant afin de prévenir Charlemagne (gravure issue de l'ouvrage *Histoire de France*, par François GUIZOT, 1875).

DOC. 16 Roland le Preux sonnant du cor à Roncevaux (enluminure du 13e siècle, extraite d'un manuscrit allemand relatant la *Chanson de Roland*).

8 Saint Louis et le pouvoir du roi

DOC. 1 **Saint Louis** (miniature extraite du *Registre des Ordonnances de l'Hôtel du roi*, vers 1320, Archives nationales, Paris).

Observe la miniature de saint Louis. Quels objets le roi porte-t-il ? Comment est-il habillé ?

En l'abbaye de Saint-Nicolas-aux-Bois, qui est près de Laon, vivaient trois jeunes gens. Ces jeunes gens allèrent jouer un jour dans les terres de l'abbaye avec des arcs et des flèches pour tirer ou tuer des lapins. En suivant leur gibier, ils entrèrent dans un bois appartenant à Enguerran, le seigneur de Coucy. Ils furent pris par les sergents qui gardaient le bois. Quand Enguerran apprit ce qu'avaient fait ces jeunes gens, cet homme cruel et sans pitié les fit aussitôt pendre.

Le bon roi, dès qu'il apprit la cruauté du sire de Coucy, le fit appeler et convoquer à sa cour. Quand le sire de Coucy entendit le commandement du roi, il dit qu'il voulait être jugé par ses pairs, les barons, des seigneurs comme lui. Le roi fit prendre et saisir le sire de Coucy par ses hommes d'armes et le fit mettre en prison dans la tour du Louvre.

Au jour du jugement, le sire de Coucy appela les barons pour sa défense. Mais l'intention du roi était de demeurer inflexible et de prononcer un juste jugement, c'est-à-dire de le condamner à une mort semblable à celle des jeunes gens. Quand les barons s'aperçurent de la volonté du roi, ils le prièrent d'avoir pitié du sire de Coucy. Le roi, qui brûlait de faire justice, répondit que si Dieu le voulait, il pendrait Enguerran sans se soucier des grands seigneurs.

Finalement, le roi décida que le sire de Coucy rachèterait sa vie avec une amende de dix mille livres et ferait construire deux chapelles où l'on ferait tous les jours des prières pour les trois jeunes gens. Il donnerait à l'abbaye le bois où les jeunes gens avaient été pendus…

D'après Guillaume de Nangis, *Vie de saint Louis*.
(2e moitié du 13e siècle)

DOC. 2 Saint Louis et l'affaire du sire de Coucy.

1. Quelle faute les jeunes gens ont-ils commise ?
2. Qui punit les jeunes gens ? Que penses-tu de ce châtiment ?
3. Que fait le roi saint Louis quand il apprend l'affaire ?
4. Pourquoi le sire de Coucy veut-il être jugé par ses pairs, des seigneurs comme lui ?
5. Par qui est-il jugé, par le roi ou par des seigneurs comme lui ?
6. À ton avis, pourquoi le roi renonce-t-il à pendre le sire de Coucy ?

7. Retrouve sur le document 3 les personnages du récit. Comment interprètes-tu les doigts levés des personnages à droite ?

DOC. 3 Saint Louis juge l'affaire du sire de Coucy (enluminure, vers 1330-1350).

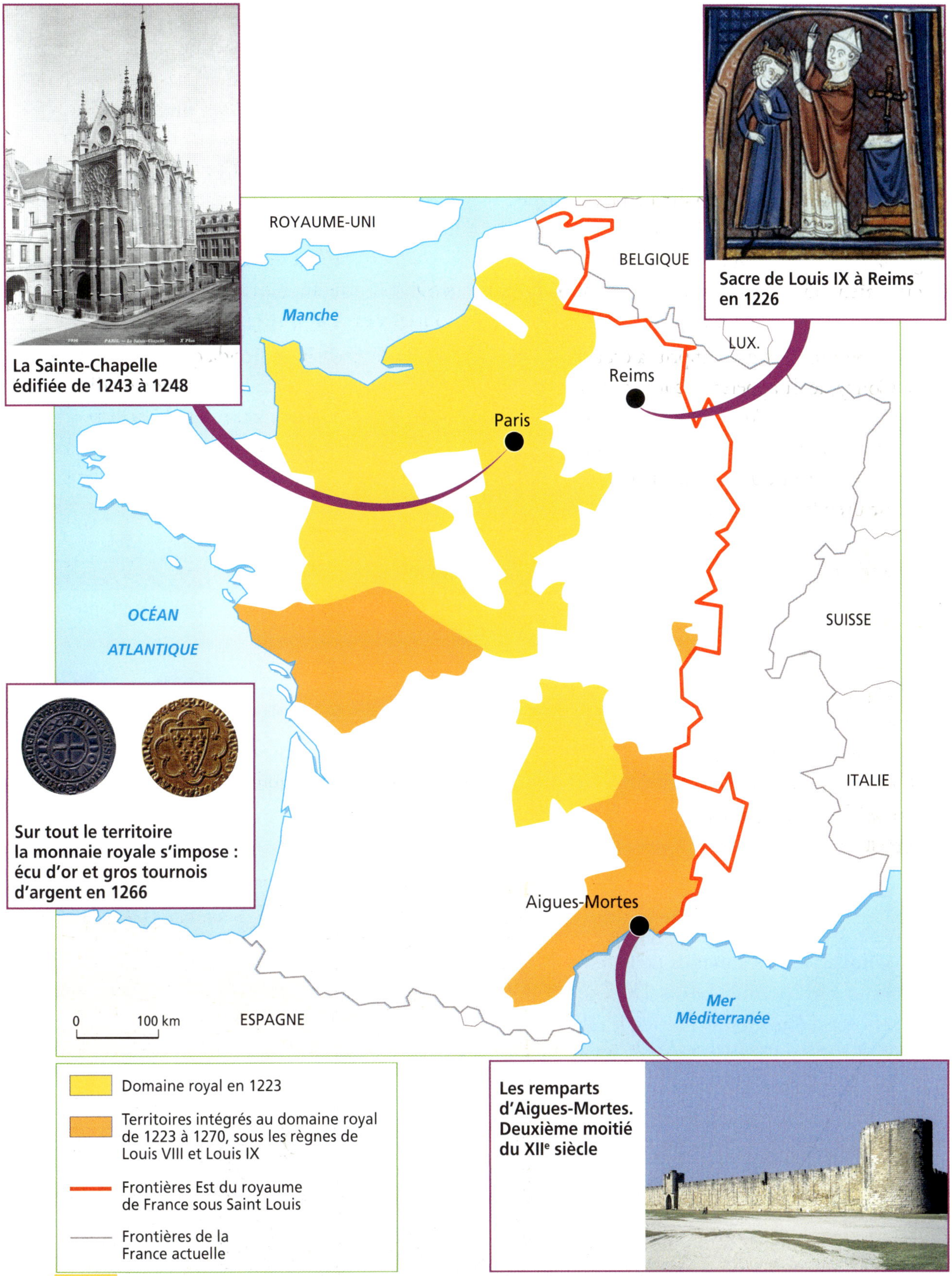

DOC. 4 La France de Louis IX ou saint Louis.

8 Observe ce document montrant la France sous saint Louis.

9 Trouve ce qu'il nous apprend du roi et de son œuvre.

1 Saint Louis, un roi capétien

Les premiers rois capétiens ont peu de pouvoir. La France est dominée par de grands seigneurs qui se partagent le territoire. Le roi ne possède qu'un petit domaine appelé le domaine royal [Doc. 4 p. 57]. Peu à peu, les rois capétiens parviennent à se faire obéir. Le règne de saint Louis au 13ᵉ siècle renforce le pouvoir du roi.

2 Saint Louis, un roi « Très Chrétien »

L'onction

La remise de l'épée

La remise du sceptre

Le couronnement

DOC. 5 **Cérémonie du sacre en la cathédrale de Reims** (miniatures du pontifical champenois, après 1250).

Un roi sacré à Reims

Comme les premiers rois de France, saint Louis est sacré à Reims [Doc. 4 p. 57 et doc. 5]. La cérémonie du sacre place le roi au-dessus des autres hommes. Il reçoit son pouvoir de Dieu par l'onction. On pense qu'il peut faire des miracles et guérir certaines maladies.

Un roi très pieux

Les rois protègent l'Église. Ils combattent les ennemis de la religion chrétienne. Louis IX s'est efforcé d'être un roi chrétien idéal. Il distribue l'aumône aux pauvres et visite les malades. Très croyant, il est attaché aux pratiques religieuses. Il commande la construction de la Sainte-Chapelle de Paris [Doc. 4 p. 57] pour y déposer les reliques du Christ, comme la couronne d'épines ramenée d'Orient.

Après sa mort, l'Église l'a canonisé : Louis IX est devenu saint Louis. Il est représenté avec une auréole [Doc. 1 p. 55].

DOC. 6 **Saint Louis en prière devant les reliques de la Passion du Christ** (miniature extraite de *Vie et miracles de Saint Louis*, 14ᵉ siècle, BNF).

3 Un domaine royal qui s'agrandit

Les rois capétiens cherchent à agrandir leur domaine, source de revenus. Ils mènent des guerres pour reprendre des provinces. Ils acquièrent des terres par des héritages ou des mariages.
Saint Louis poursuit le même but. Il fait construire le port d'Aigues-Mortes. Il donne ainsi au royaume un accès à la mer Méditerranée.

4 Une justice qui s'impose à tous

Saint Louis met en place des tribunaux royaux. Tous les habitants du royaume peuvent s'adresser à eux s'ils s'estiment mal jugés par les tribunaux des seigneurs. Le roi devient ainsi l'arbitre qui garantit une justice équitable.
La légende a gardé de saint Louis l'image d'un roi rendant la justice sous un chêne.

DOC. 7 **Saint Louis rendant la justice sous un chêne** (illustration extraite d'*Il y avait autrefois*, par E. Billebault, 1960).

5 Une administration efficace

Pour gérer le royaume, les rois nomment des représentants de leur pouvoir : les baillis et les sénéchaux. Ils ont pour mission de faire appliquer les décisions du roi. Ils collectent les impôts, contrôlent l'armée et imposent la justice du roi.

6 Une monnaie sur tout le royaume

Saint Louis impose la monnaie du roi qui est reconnue sur tout le territoire. Il limite la circulation des monnaies des seigneurs.

En trois siècles, les Capétiens ont bâti une royauté puissante. Le roi est reconnu, respecté, obéi.

Que tous nos *baillis* [...] jurent [...] qu'ils respecteront les droits et rendront la justice à chacun, sans exception de personne, aussi bien aux pauvres qu'aux riches et à l'étranger qu'à l'homme du pays [...].

D'après l'ordonnance de 1254.

DOC. 8 **L'ordonnance de saint Louis.**

Les mots de l'Histoire

- **canoniser :** définir une personne comme étant sainte, selon les règles de l'Église catholique.
- **domaine royal :** ensemble des territoires du royaume qui appartiennent au roi ou qui sont soumis directement à son autorité.
- **onction :** action qui consiste à enduire d'huile sainte une partie d'un corps pour le bénir.
- **reliques :** corps ou partie du corps d'un saint, ou objet lui ayant appartenu.

Je sais maintenant

- Au cours du Moyen Âge, les rois capétiens comme **saint Louis imposent leur autorité** sur tout le royaume.
- Ils sont **sacrés à Reims**. Cette cérémonie les place au-dessus des autres hommes car ils reçoivent leur pouvoir de Dieu. Louis IX a laissé le souvenir d'un roi très chrétien. Il est canonisé et devient saint Louis.
- Ils **agrandissent leur domaine** par des guerres, des mariages ou des héritages.
- Ils **imposent leur justice**.
- Ils administrent le royaume en **nommant des représentants de leur pouvoir** dans les provinces.
- À partir du 13e siècle, ils frappent des **monnaies d'or et d'argent** utilisées dans tout le royaume.

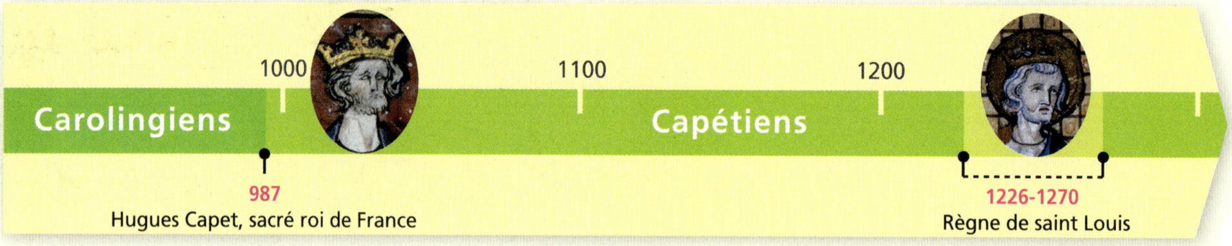

Histoire des arts

Les rois de France se mettent en scène.

Sur la miniature médiévale comme sur le tableau du 18e siècle domine la figure du roi. Le monarque est placé au centre de l'image. Le blanc du manteau d'hermine contraste avec le bleu couvert de fleurs de lys. Drapés, voilages, tentures, éléments d'architecture entourent le roi. Leurs couleurs plus chaudes (rouge, jaune) mettent en valeur le blanc et le bleu du vêtement du souverain. Les Capétiens adoptent le bleu comme couleur royale. Sur leur blason, ils placent des fleurs de lys d'or sur un fond azur.

Le roi est représenté sur les miniatures avec la couronne, l'épée, le sceptre et la main de justice. Ce sont les symboles de son pouvoir. Il les reçoit lors de la cérémonie du sacre. C'est pourquoi tous les rois, de Clovis à Louis XVI, sont représentés avec les mêmes symboles.

DOC. 9 Clovis (miniature du début du 16e siècle, h. 15 cm, l. 11,5 cm).

DOC. 10 **Portrait de Louis XVI, Antoine-François Callet, 1788** (h. 2,46 m, l. 1,92 m).

9 Les seigneurs au Moyen Âge

1a

1b

1c

DOC. 1 **Extraits de la Tapisserie de Bayeux, réalisée au 11e siècle** (musée de la Tapisserie, Bayeux, France).

Qui sont les personnages représentés dans chaque extrait : 1a, 1b et 1c ? Quelles sont leurs activités ?

Les prêtres ne labourent point la terre, ils ne marchent pas derrière les bœufs, ils ne sont ni bouchers, ni aubergistes, pas plus que gardeurs de porcs ou bergers. Mais ils doivent purifier leur âme et leur corps. Dieu leur ordonne d'enseigner à garder la vraie foi et de plonger ceux qu'ils ont instruits dans l'eau sainte du baptême…

Les nobles sont les guerriers protecteurs des églises. Ils sont les défenseurs du peuple, des grands comme des petits, et assurent du même coup leur propre sécurité.

L'autre classe est celle des serfs[1] : cette malheureuse espèce ne possède rien qu'au prix de sa peine. Qui pourrait faire le compte des soins qui absorbent les serfs, de leurs longues marches, de leurs durs travaux ? Argent, vêtements, nourriture, les serfs fournissent tout à tout le monde. Pas un homme libre ne pourrait subsister sans les serfs, et le serf ne voit point la fin de ses larmes et de ses soupirs.

Le peuple de Dieu, que l'on croit un, est donc divisé en trois : les uns prient, les autres combattent, les autres enfin travaillent. Ces trois parties ne peuvent être séparées.

D'après Adalbéron, *Poème au roi Robert*, vers 1020.

1. paysans non libres

DOC. 2 L'évêque de Laon, Adalbéron, s'adresse au roi capétien Robert le Pieux.

1. Lis attentivement le texte d'Adalbéron [Doc. 2].
2. D'après ce texte, comment la société du Moyen Âge est-elle organisée ?
3. À ton avis, quelle phrase du texte résume le mieux ce qu'Adalbéron veut expliquer au roi ?
4. Observe à nouveau le document 1 page 61. Vois-tu un lien entre les documents 1 et 2 ?

DOC. 3 **Le combat.** Extrait de la Tapisserie de Bayeux, réalisée au 11e siècle (musée de la Tapisserie, Bayeux, France).

DOC. 4 **La chasse.** Extrait de la Tapisserie de Bayeux, réalisée au 11e siècle (musée de la Tapisserie, Bayeux, France).

DOC. 5 **Le banquet.** Extrait de la Tapisserie de Bayeux, réalisée au 11e siècle (musée de la Tapisserie, Bayeux, France).

5 Ces extraits de la Tapisserie de Bayeux [Doc. 1b p. 61 et docs. 3, 4 et 5 p. 62-63] évoquent certaines scènes de la vie de ceux qui combattent. Observe-les bien puis :
– décris leurs activités ;
– décris précisément les moyens qu'ils emploient pour combattre.

1 Comment est organisée la société médiévale ?

Au Moyen Âge, les hommes sont organisés en trois ordres : ceux qui prient pour les autres, ceux qui combattent pour protéger l'ensemble des hommes, ceux qui travaillent pour nourrir toute la population. Chacun a sa place et son rôle.

Dans un monde où la forêt est encore très présente, où de vastes espaces restent inhabités, les populations sont isolées et l'insécurité est grande. Les hommes ne peuvent donc pas vivre les uns sans les autres.

2 Qui sont ceux qui combattent ?

Au 12e siècle, tous les **seigneurs** sont des chevaliers. Ils possèdent un fief : une terre qui leur permet de vivre. Ils sont assez riches pour entretenir des chevaux et un armement en fer.

DOC. 6
Détail de la Tapisserie de Bayeux, réalisée au 11e siècle (musée de la Tapisserie, Bayeux, France).

Le terrain choisi, le champ, était une vaste étendue de campagne. Les lices[1] délimitaient des refuges où les combattants avaient le droit, selon les règles du jeu, de se mettre à l'abri pour reprendre haleine, boire un coup. […]

Le jeu consistait à se lancer sur l'adversaire, férir[2] dans le tas et poindre[3] la lance dressée. […] Les chevaliers venaient là comme à la guerre, pour ravir des armes, des harnais, des destriers[4], pour ravir des hommes. Guillaume le Maréchal avait plus qu'étourdi un adversaire, lui fendant le heaume[5] et la coiffe ; puis, un peu plus las, il s'était assis tout bonnement, pour qu'on ne lui dérobât pas le vaincu, sur le corps du prisonnier.

Georges Duby, *Guillaume le Maréchal*, Fayard, 1984.

1. barrières – **2.** frapper – **3.** charger – **4.** chevaux de combat – **5.** casque

Scène de tournoi (manuscrit du 15e siècle).

DOC. 7 Le tournoi.

- Dans le texte, repère les phrases qui montrent que les chevaliers s'entraînent à la guerre.
- Repère les phrases qui montrent qu'ils n'hésitent pas à voler leurs adversaires. Fais la liste de ce qu'ils dérobent.

3 Comment devient-on chevalier ?

Les seigneurs reçoivent une éducation sportive et militaire. Ils deviennent chevaliers vers l'âge de 18 ans par la cérémonie de l'adoubement [Doc. 8].

DOC. 8

Un adoubement
(miniature du 14e siècle).
Par la cérémonie de l'adoubement, le jeune homme est armé chevalier. Il reçoit son équipement et ses armes.

4 Où vivent les seigneurs ?

DOC. 9 **Un château fort** (siège de Derval en 1373, enluminure extraite des *Compilations des chroniques et histoires de Bretagne* de Pierre Le Baud, 1480, BNF).

C'est autour du château fort que se déroule la vie des seigneurs. Les premiers châteaux forts sont des tours de bois érigées sur une butte : la motte. Ces tours sont entourées de palissades et de fossés.
Vers le 11e siècle apparaissent de puissantes forteresses de pierres conçues pour résister à de longs sièges [Doc. 9]. Dans le château fort, on donne des banquets [Doc. 5 p. 63] pendant lesquels on applaudit à des spectacles de jongleurs. Des troubadours viennent chanter les exploits d'illustres guerriers. C'est ce qu'on appelle la chanson de geste [CHAPITRE 7, p. 54].

Les mots de l'Histoire

- **médiéval :** qui concerne le Moyen Âge.
- **seigneur :** le seigneur est un homme puissant qui possède un domaine, des terres. C'est un combattant, un chevalier.
- **troubadour :** au Moyen Âge, un troubadour est un poète qui chante.

Je sais maintenant

- **La société médiévale est divisée en trois ordres :**
  – ceux qui prient ;
  – ceux qui combattent ;
  – ceux qui travaillent.
- **Ceux qui combattent sont des seigneurs.** Ce sont des chevaliers disposant de chevaux et d'un armement en fer. Ce sont des hommes puissants qui possèdent des terres.
- Les seigneurs deviennent des chevaliers par la cérémonie de l'**adoubement**. Ils partagent la même éducation et la même façon de vivre.
- Les seigneurs participent à des **tournois**, vont à la chasse, organisent des banquets.
- La vie des seigneurs se déroule autour du **château fort**.

1000 — 1100 — 1200 — 1300

Naissance des premiers châteaux forts

1066-1082 : confection de la Tapisserie de Bayeux

Histoire des arts

La Tapisserie de Bayeux nous raconte une histoire.

La Tapisserie de Bayeux est une œuvre du 11e siècle. Elle décrit les activités des hommes de cette époque et raconte la conquête de l'Angleterre par un puissant seigneur, Guillaume le Conquérant, duc de Normandie.

Elle se présente comme un long rouleau sur lequel des scènes se déroulent comme dans un film. C'est une broderie sur toile de lin de 70 m de long sur 50 cm de large. Les motifs de décoration ont été réalisés sur une étoffe avec une aiguille. Des laines de huit couleurs différentes ont servi à broder les personnages, les animaux, les bateaux, les édifices. Le fond de la toile n'est pas coloré ; resté naturel, il permet de mettre en valeur la richesse des couleurs.

La posture des animaux, le détail des pattes donnent l'impression de mouvement. Lorsqu'on regarde la tapisserie, on croit qu'elle va s'animer.

DOC. 10 La Tapisserie de Bayeux telle qu'on peut la voir au musée de Bayeux en Normandie.

10 Les paysans au Moyen Âge

DOC. 1 **Dans les champs, au pied du château, mois de mars, enluminure extraite des *Très Riches Heures du duc de Berry*, des Frères de Limbourg** (15e siècle), manuscrit conservé au musée Condé, Chantilly.

Observe ce document et décris-le (ne t'attarde pas sur la partie supérieure).

DOC. 2 **Les travaux agricoles, miniatures du 15e siècle** (musée Condé, Chantilly).

Ce texte donne la liste précise de ce que les vilains, c'est-à-dire les paysans, devaient au seigneur de Verson.

À la Saint-Jean, ils doivent faucher les prés du seigneur, entasser le foin au milieu des prés et le porter au château.
Puis ils doivent nettoyer le ruisseau. Chacun y va, la bêche à l'épaule.
Et voici le mois d'août et ils doivent la corvée, qui ne doit pas être oubliée. C'est qu'ils doivent couper les blés, les mettre en tas et les porter à la grange.
Leur terre paie le champart[1]. Le vilain charge les gerbes dans sa charrette et les mène à la grange du champart, tandis que son blé à lui reste au vent et à la pluie.
Après vient la Notre-Dame en septembre (8 septembre), où il convient de fixer le porcage. Si le paysan a huit porceaux, il prendra les deux plus beaux et l'autre après sera au seigneur…
Et vient la Saint-Denis (9 octobre), où les paysans doivent payer le cens[2].
Après quoi, ils doivent la corvée. Quand ils auront labouré la terre, ils iront chercher le blé au grenier et ils devront le semer et herser.
À Noël, ils doivent les poules.
À Pâques, ils doivent la corvée.
Quand le seigneur veut bâtir un four et un moulin, ils doivent amener au maçon la terre et le mortier pendant tout le temps de la construction et ils sont en obligation d'utiliser le four. Et cette obligation, la banalité[3], est la pire de toutes.

D'après Estout de Gos, *Conte des vilains de Verson*, 13e siècle.

1. Part prélevée sur les récoltes et qui revenait au seigneur.
2. Somme d'argent versée au seigneur en échange d'une terre.
3. Obligation d'utiliser du matériel qui appartenait au seigneur (four, moulin, pressoir…).

DOC. 3 Les paysans soumis à leur seigneur.

1. Décris chaque image [Doc. 2 p. 68] et essaie d'expliquer ce que font les personnages.
2. À quoi ce document te fait-il penser ?
3. Quels liens existent entre le document 1 p. 67 et le document 2 p. 68 ?
4. Lis le texte [Doc. 3]. Note les noms des fêtes des mois de l'année et les travaux à effectuer.
5. Qu'est-ce que la corvée ?
6. Que doivent encore payer les paysans au seigneur ?
7. Que comprends-tu des relations entre le seigneur et les paysans ?
8. À partir des documents 1, 2 et 3, explique ce qui rythme la vie des paysans au cours de l'année.

1 Pour qui les paysans travaillent-ils ?

Presque tous les paysans sont soumis à l'autorité d'un seigneur. Le seigneur est le propriétaire d'un vaste domaine appelé la seigneurie. Ce domaine est divisé en deux parties : la réserve et les tenures [Doc. 4].

Les paysans cultivent les tenures. Pour cela ils doivent verser au seigneur des **redevances** [Doc. 3 p. 69] :

– en argent (le cens) ;

– en nature en donnant une partie de la récolte ou du bétail (le champart).

Les paysans sont également soumis à la corvée [Docs. 2 et 3] : ils travaillent pour cultiver la réserve du seigneur, entretenir le château, les chemins, etc.

La **réserve**, que le seigneur garde pour son usage et dont il se réserve les productions.

Les **tenures** : terres laissées aux paysans qui en échange doivent des redevances au seigneur.

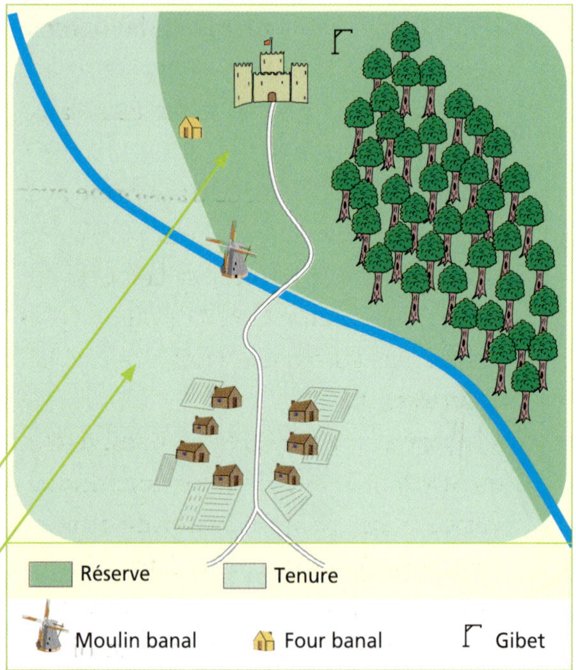

DOC. 4 Schéma d'une seigneurerie.

2 Comment vivent les paysans au Moyen Âge ?

Serfs et vilains

Les paysans libres sont appelés vilains ; parmi eux, certains disposent d'une tenure étendue et peuvent vivre correctement.

Les serfs sont attachés à la seigneurie. Ils appartiennent au seigneur.

Une vie difficile

Comme ils ne sont pas propriétaires des terres qu'ils cultivent et qu'ils doivent payer les redevances, les paysans n'ont souvent que peu de biens pour nourrir leur famille.

Ils sont soumis au droit de ban. Ce droit donne pouvoir au seigneur de commander et de punir les habitants de sa seigneurie (retrouve le gibet sur le document 4).

Par ce droit, le seigneur oblige également les paysans à utiliser son four, son moulin, son pressoir à vin et les fait payer pour cela. Il juge les conflits entre paysans et impose des amendes.

Les paysans se révoltent parfois. Le seigneur les réprime très durement.

DOC. 5 Une paysanne se rendant au moulin (miniature du 15e siècle).

3 Les progrès agricoles

Plusieurs progrès importants marquent l'agriculture à partir du 11e siècle.

– La charrue [Doc. 6] permet de labourer le sol en profondeur.

– On utilise davantage le fer dans la fabrication des outils.

– La traction animale se transforme avec le collier d'épaule [Doc. 6] qui permet au cheval de tirer avec toute sa force.

– Les engrais naturels sont de plus en plus utilisés par les paysans. Les rendements s'accroissent.

– Les moulins à eau sont plus nombreux et les moulins à vent font leur apparition.

Grâce à ces progrès, l'agriculture se développe. Les forêts sont défrichées, les surfaces cultivables augmentent. Avec ces changements, la population s'accroît.

DOC. 6 **La seigneurie** (miniature du 15e siècle).

4 De l'essor des campagnes au développement des villes

Le développement de l'agriculture permet le renouveau du commerce et de l'artisanat.

Les villes connaissent un grand essor. De nombreux artisans travaillent dans de petits ateliers qui servent aussi de boutiques. Sur les places, on organise des marchés une fois par semaine et de grandes foires deux fois par an.

Les artisans locaux, les paysans d'alentour y vendent leurs produits. Des marchands étrangers y apportent également des tissus, des épices, des fourrures, de l'huile.

Les habitants des villes obtiennent des seigneurs une charte qui leur permet de s'administrer eux-mêmes.

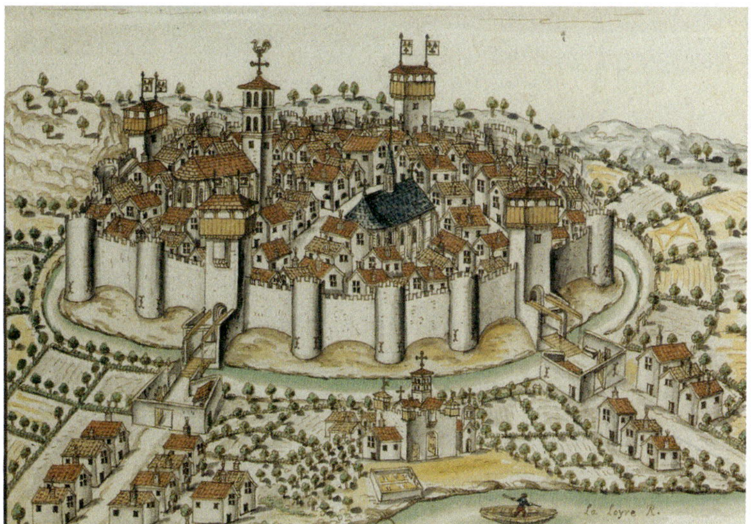

DOC. 7 **La ville de Feurs au Moyen Âge** (aquarelle de Louis Boudan, 17e siècle, BNF). Les villes sont construites autour d'une église, d'une cathédrale ou près d'un château.

Les mots de l'Histoire

- **charte :** écrit destiné à accorder des droits, des privilèges.
- **redevances :** ce que le paysan doit au seigneur, annuellement, en nature, en travail, en argent.
- **rendement :** le rendement d'une terre, c'est ce qu'elle produit.

Je sais maintenant

- Les **paysans** sont des **serfs** ou des **vilains.** Les paysans libres, les vilains, possèdent rarement les terres qu'ils cultivent. Ils travaillent sur une **seigneurie.** La seigneurie est une exploitation agricole qui appartient au seigneur. Les paysans doivent des **redevances** au seigneur et sont soumis à la **corvée.**
- Le **seigneur** a le **droit de commander, de juger, de punir les paysans.**
- L'agriculture évolue avec les **progrès techniques** et l'augmentation des surfaces cultivables.
- L'**artisanat** et le **commerce** se développent également. C'est le temps des marchés et des grandes foires.
- **Les villes** connaissent un grand **essor.**
- **La population s'accroît** entre l'an 1000 et le 13e siècle.

Histoire des arts

Un somptueux calendrier des travaux et des jours

Au Moyen Âge, les livres sont écrits à la main, ce sont des manuscrits. *Les Très Riches Heures du duc de Berry* est un manuscrit enluminé. Cette œuvre est une commande du duc de Berry, défenseur des Arts. C'est un livre de prières. De belles miniatures, ou petites peintures fines, illustrent le texte.
Pour l'illustrer, les auteurs utilisent une palette de couleurs éclatantes. Le bleu est obtenu à partir de pierres précieuses, le vert à partir de fleurs écrasées.
Les douze miniatures constituent un calendrier. Chaque mois représente une activité des paysans ou des seigneurs. Le document 1 p. 67 montre une scène de labour, le document 8, les vendanges.
On trouve aussi la position des astres dans le ciel (lune, soleil, constellations) dans la partie supérieure de l'image.

DOC. 8

Dans les champs, au pied du château, mois de septembre, *Les Très Riches Heures du duc de Berry*, des Frères de Limbourg (15e siècle), manuscrit conservé au musée Condé, Chantilly.

11 L'Église au Moyen Âge

DOC. 1 **La cathédrale Notre-Dame d'Amiens** (Somme) (13e siècle).

1. Quelle impression te donne l'église sur cette photographie, par rapport aux autres constructions ?
2. Décris l'architecture du bâtiment (toit, façades, ouvertures, décors, etc.).

DOC. 2 **Miniature du 13e siècle**
(bibliothèque municipale de Laon).

DOC. 3 **Miniature du 14e siècle**
(musée Condé à Chantilly).

DOC. 4 **Miniature du 15e siècle**
(bibliothèque de Modène, Italie).

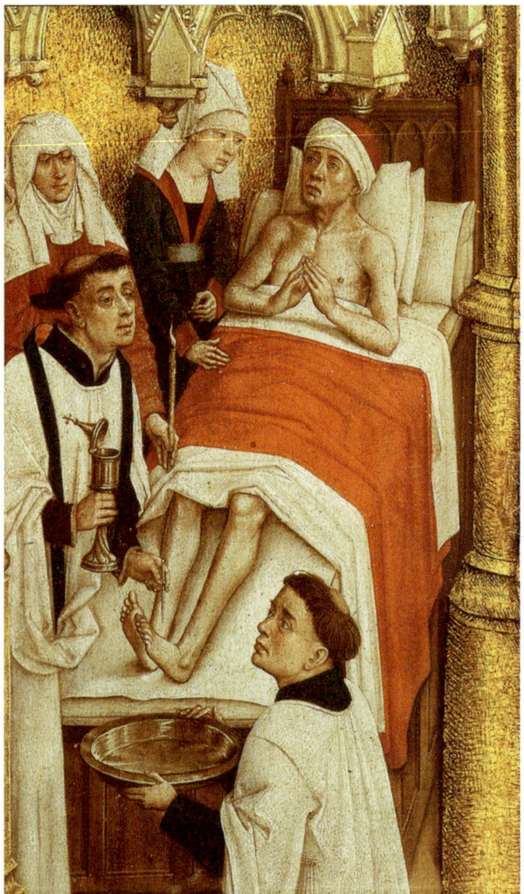

DOC. 5 **Tableau de Rogier Van der Weyden, 15e siècle**
(musée du Prado à Madrid, Espagne).

1. Ces quatre documents montrent différents moments dans la vie des hommes : baptême, mariage, mort… Retrouve ce qui est représenté sur chaque document et dis sur quels indices tu t'es appuyé.
2. Pour chaque scène, identifie les personnages.

DOC. 6 Enluminure du 14e siècle
(bibliothèque Ambrosienne, Milan, Italie).

DOC. 7 Miniature du 15e siècle
(bibliothèque Mazarine, Paris).

DOC. 8 Enluminure, abbaye de Cîteaux, 12e siècle
(bibliothèque municipale de Dijon).

DOC. 9 Miniature du 15e siècle
(musée de l'Assistance publique, Paris).

3 Ces documents montrent quelques-unes des fonctions exercées par les gens d'Église au Moyen Âge.
Pour chaque document :
– repère les gens d'Église ;
– décris leurs vêtements ;
– explique ce qu'ils font et où se passe la scène.

4 Que peux-tu conclure sur l'importance de l'Église dans la vie des hommes au Moyen Âge ?

1 Quel est le rôle de l'Église dans la vie des hommes ?

Dans la vie quotidienne

Au Moyen Âge, la plupart des habitants de la France sont des chrétiens. L'Église règle leur vie de la naissance à la mort. Elle leur enseigne ce qu'ils doivent faire pour gagner le paradis et éviter l'enfer [Doc. 10]. Elle impose des pratiques religieuses : réciter des prières, aller à l'église le dimanche.
La journée est rythmée par la sonnerie des cloches, l'année par les fêtes religieuses.

DOC. 10 **Le Jugement dernier** (détail du tympan de Conques, Aveyron).

Dans la société

Les clercs sont instruits ; ils enseignent dans les écoles [Doc. 7 p. 75], ils soignent les malades dans les hôpitaux [Doc. 9 p. 75]. Ils viennent en aide aux pauvres. Les clercs participent au développement de l'agriculture et défrichent les forêts [Doc. 8 p. 75].
Pour maintenir la paix [Doc. 11], l'Église interdit de combattre durant certaines périodes de la semaine et de l'année. Les chevaliers ne doivent pas s'attaquer aux plus faibles.

> Que ni homme ni femme n'en attaque un autre, ni n'attaque un château ou un village, du mercredi au coucher du soleil jusqu'au lundi au lever du soleil. Si quelqu'un ne respecte pas cette trêve, il sera exclu de l'Église.
>
> D'après l'évêque de Thérouanne, 1063.

DOC. 11 **La trêve de Dieu.**

2 Pourquoi l'Église est-elle puissante ?

L'Église sacre et conseille les rois [Doc. 5 p. 58]. L'Église est riche : elle possède de vastes domaines et le peuple lui verse un impôt, la dîme. Elle reçoit également les dons des fidèles.

3 Comment l'Église est-elle organisée ?

Le clergé est constitué de plusieurs catégories d'hommes d'Église.
– Les prêtres et les évêques qui vivent au contact des habitants. Ils assurent les cérémonies religieuses.
– Les abbés et les moines qui se retirent dans des monastères ou des abbayes. Ils obéissent à une règle de vie stricte.
Le pape est le chef de l'Église, appelée Église catholique.

DOC. 12 **Le pape entouré des prêtres et l'abbé de Cluny entouré des abbés et moines** (miniature du 12e siècle).

4 Comment les églises sont-elles bâties au Moyen Âge ?

Au 11e siècle, les bâtisseurs reprennent d'anciennes techniques romaines comme la voûte [Docs. 13 et 15]. Ils construisent des églises en forme de croix. Les murs sont très épais. L'intérieur est sombre car il y a peu d'ouvertures. Cela donne une impression de mystère. Les voûtes font résonner les chants religieux. On appelle ce premier style l'art roman.

Après 1150, l'architecture des églises se transforme. C'est la naissance de l'art gothique.
La technique des croisées d'ogives [Doc. 14] permet d'élever des voûtes beaucoup plus hautes. Il est désormais possible de percer de grandes ouvertures dans les murs pour y placer des vitraux.

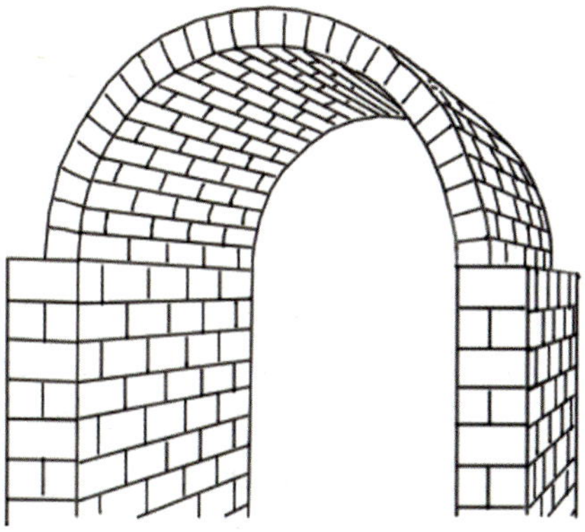

DOC. 13 Voûte romane.

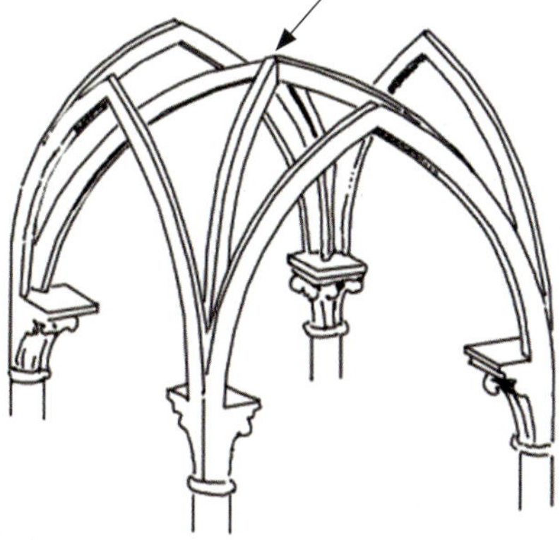

DOC. 14 Voûte gothique à croisée d'ogives.

DOC. 15 Un édifice roman (l'église Saint-Vivien de Pons, Charente-Maritime, 12e siècle).

- Quelle est la forme des ouvertures et des décors de la façade [Doc. 15] ?
- Compare cet édifice avec la cathédrale d'Amiens [Doc. 1 p. 73] : relève les différences, compare les hauteurs (tu peux t'aider de la taille des arbres).

Les mots de l'Histoire

- **abbaye :** endroit dirigé par un abbé dans lequel des moines vivent à l'écart du monde.
- **cathédrale :** église d'un évêque.
- **clergé :** ensemble des hommes d'Église. Les **clercs** ne se marient pas.
- **Église :** l'Église (avec une majuscule) désigne la communauté des chrétiens.
  L'église (avec une minuscule) désigne le lieu de culte, l'édifice.
- **vitrail :** grande fenêtre aux verres colorés.

Je sais maintenant

- Au Moyen Âge, l'Église guide la vie des hommes. On entre dans **la vie chrétienne** dès la naissance par la cérémonie du **baptême** et on y reste jusqu'à la mort.
- **L'Église a un grand rôle dans la société.** Elle est **puissante** et très **riche**. Elle sacre les rois. Elle garantit la paix. Elle enseigne, elle soigne, elle accueille les pauvres et les voyageurs.
- **L'Église est organisée.** Les évêques, les prêtres, les abbés, les moines forment le **clergé**. Le **pape** est le chef de l'Église.
- Beaucoup d'**églises**, d'**abbayes** et de **cathédrales** sont construites au Moyen Âge. L'**art roman** précède l'**art gothique**.

1000 — 1100 — 1200 — 1300 — 1400 — 1500

Art roman

Art gothique

Histoire des arts — Le vitrail, une histoire de verre et de lumière

À l'époque de l'art roman, les ouvertures sont étroites et laissent peu passer la lumière. On utilise des verres de couleurs claires. L'architecture gothique permet d'ouvrir de grandes fenêtres et la lumière pénètre largement dans les églises. Les artistes verriers peuvent alors employer des verres plus foncés, des couleurs plus variées, plus vives. La lumière fait ainsi briller les bleus, les rouges, les jaunes. Elle symbolise la présence de Dieu. Les vitraux, comme les peintures et sculptures, présentent les croyances et les personnages de la religion chrétienne. Au 20e siècle, des artistes redécouvrent l'art du vitrail.

DOC. 16 Vitrail de la cathédrale de Chartres (détail) (12e siècle).

DOC. 17 Vitraux de l'église d'Audincourt (Doubs) réalisés par Jean Bazaine au 20e siècle.

12 Une nouvelle civilisation : l'Islam

découvrir

DOC. 1 Mosquée de Damas (Syrie), édifiée au 8e siècle.

DOC. 2 Mosquée du Caire (Égypte), édifiée au 9e siècle.

1. Observe ces deux photographies. Comment s'appellent ces bâtiments ?
2. En quelle période ont-ils été construits ? Sais-tu quelle est leur fonction ?
3. Relève leurs points communs.

La passion de l'étude m'avait chassé d'Angleterre. Je restai quelques temps à Paris. Je n'y vis que des sauvages […] dans leurs sièges d'école […]. Aussi, comme de nos jours, c'est à Tolède que l'enseignement des Arabes, qui consiste surtout dans l'arithmétique, la géométrie, l'astronomie, la musique, est dispensé aux foules, je me hâtai de m'y rendre pour écouter les leçons des plus grands savants du monde […].

Récit d'un Anglais, Daniel de Morlay, à l'évêque de Norwich, 12e siècle, cité dans Le Goff, *Les intellectuels au Moyen Âge*, 1957.

DOC. 3 **Un chrétien découvre la science arabe.**

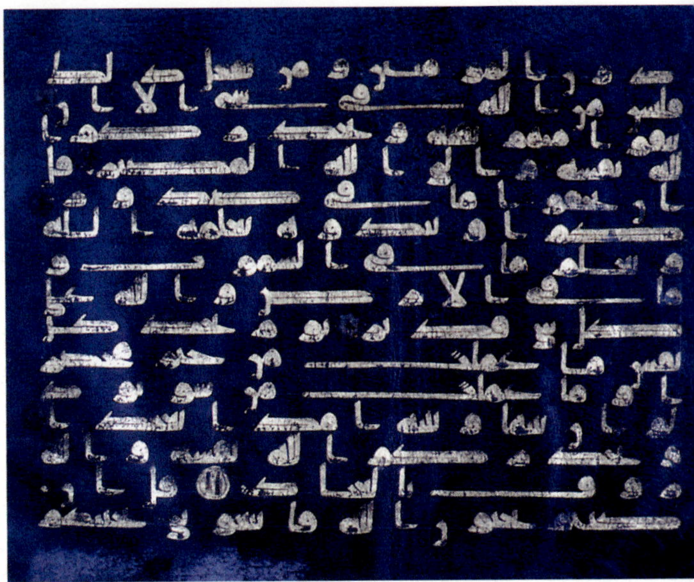

DOC. 5 **Page du Coran (lettres d'or sur parchemin bleu), 9e siècle.**
Le Coran est le livre saint de l'islam.
Écrit en arabe, il contient les croyances et la loi religieuse que tout musulman doit respecter.

DOC. 4 **L'enseignement dans une bibliothèque musulmane à Bassora** (Irak actuel) (miniature persane du 13e siècle).

1 Que nous apprennent les documents 3 et 4 sur le monde arabe au Moyen Âge ?

2 Qu'est-ce qui montre que le Coran est un livre précieux [Doc. 5] ?

3 Lis et observe les documents 5, 6, 7 et 9.
Relève les informations concernant l'islam : le fondateur, le livre saint, les villes saintes. Dans quelle région du monde est né le fondateur de l'islam ?
Quelle est la langue du livre saint de l'islam ?

DOC. 9 **Monde chrétien et monde musulman au Moyen Âge.**

DOC. 6 **Le Dôme du Rocher à Jérusalem** (État d'Israël) (construit à la fin du 7e siècle par les musulmans).
Jérusalem est une ville sainte pour les musulmans comme pour les chrétiens.

DOC. 7 **La Mecque, ville sainte de l'islam** (carreau de céramique, 1727).
La Mecque est la première ville sainte de l'islam, la ville natale de Mahomet, le fondateur de l'islam. Tout musulman doit aller une fois dans sa vie en pèlerinage à La Mecque.

DOC. 8 **Affrontement entre musulmans et chrétiens en Espagne** (enluminure du 13e siècle).

4 D'après le document 8, quelles relations existent entre chrétiens et musulmans au Moyen Âge ? Comment reconnaît-on les deux groupes sur l'image ?

5 D'après le document 6, dis pourquoi Jérusalem peut être source de conflits.

6 Retrouve sur la carte tous les lieux cités dans les documents 1 à 8 et relève sur quels continents s'étend le monde musulman.

1 Une nouvelle religion : l'islam

La naissance d'une religion : l'islam

Au 7e siècle, Mahomet fonde en Arabie une nouvelle religion, l'**islam**. Il enseigne qu'il n'y a qu'un seul Dieu, appelé Allah en arabe. Pour les **musulmans**, Mahomet est le dernier des prophètes, venu après Moïse et Jésus, les saints personnages des religions juives et chrétiennes. La tradition musulmane raconte que l'ange Gabriel dictait au Prophète les paroles de Dieu. Ces paroles auraient ensuite été écrites dans le Coran, le livre sacré de l'islam [Doc. 10].

Les musulmans respectent le jeûne du Ramadan.

DOC. 10 Miniature turque tirée de la vie du Prophète (16e siècle) (musée du Louvre).

L'expansion de l'Islam

Après la mort du prophète Mahomet, en 632, les musulmans conquièrent un immense empire, de l'Inde à l'Espagne. Progressivement, les populations adoptent la langue arabe et la religion musulmane. C'est la naissance de la civilisation arabo-musulmane.

Les mosquées, lieux de culte de l'islam

Les musulmans se rassemblent dans une mosquée pour prier. Dans les pays devenus musulmans, des mosquées sont construites dès les 7e- 8e siècles. En reprenant l'héritage de l'Antiquité, les musulmans ont développé leur propre architecture. Les mosquées respectent un plan précis avec des éléments caractéristiques [Doc. 11].

DOC. 11 Mosquée de Kairouan (Tunisie) (9e siècle).

En t'aidant du document 11, retrouve les éléments d'une mosquée dans les documents 1 et 2 p. 79. Situe Kairouan sur la carte [Doc. 9 p. 80-81].

comprendre

2 Une brillante civilisation

Les Arabes développent les sciences. Ils tracent des cartes du monde, étudient le mouvement des planètes [Doc. 13] ou les causes des maladies [Doc. 12]. Nous calculons encore aujourd'hui avec les chiffres et le zéro des mathématiciens arabes.

Dans le monde arabo-musulman, les marchands arabes sont renommés. Leurs bateaux sillonnent les mers, leurs caravanes suivent les routes terrestres. Sciences, art et commerce rendent célèbres les villes comme Cordoue, Le Caire ou Bagdad.

DOC. 13 **L'astrolabe, mis au point par les Arabes** (17e siècle. Musée national de la Renaissance, Écouen, France). Grâce aux étoiles, il guide les marins.

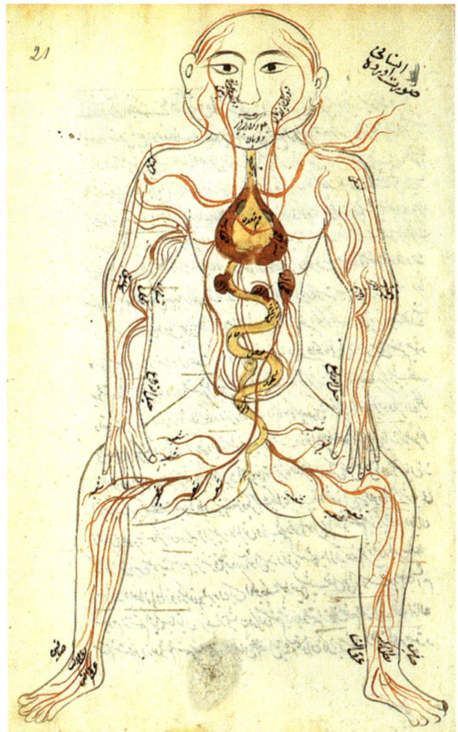

DOC. 12 **Planche d'anatomie** (enluminure persane extraite du *Traité d'anatomie* de Mansur Ilon Ilyas, 15e siècle).

3 Les relations entre musulmans et chrétiens au Moyen Âge

La Méditerranée, un espace de conflits

Au Moyen Âge, chrétiens et musulmans s'affrontent. Les chrétiens reconquièrent les territoires dominés par les musulmans comme en Espagne [Doc. 8 p. 81]. En 1095, le pape lance un appel : il demande aux chrétiens de chasser les musulmans des lieux saints, en particulier de Jérusalem. C'est le début des croisades, qui durent jusqu'en 1291.

La Méditerranée : un espace d'échanges

Les contacts en Méditerranée permettent à l'Europe de découvrir la très riche culture arabo-musulmane. Les Européens achètent aux marchands arabes des épices, de la soie, des parfums. Ils traduisent en latin les ouvrages arabes.

DOC. 14 **Départ des chevaliers pour la Croisade** (*Histoire de Merlin*, Robert de Boron, 13e siècle).

Les mots de l'Histoire

- **Arabe :** personne originaire d'Arabie ou parlant la langue arabe. Tous les Arabes ne sont pas musulmans.
- **islam :** la religion musulmane. Ce mot arabe veut dire « soumission à Dieu ».
- **monde arabo-musulman :** monde de langue arabe dominé par l'islam.
- **muezzin :** musulman dont la tâche à la mosquée est d'appeler les fidèles à la prière du haut du minaret.
- **musulman :** fidèle de l'islam. Tous les musulmans ne sont pas Arabes.

Je sais maintenant

- Le prophète Mahomet fonde au 7e siècle, en Arabie, une nouvelle religion monothéiste, l'**islam**.
- Après la mort de Mahomet, les Arabes musulmans conquièrent un vaste empire. C'est la naissance du monde arabo-musulman.
- **Au Moyen Âge, la culture arabe est brillante**. Les sciences connaissent un essor considérable.
- Les mondes chrétien et musulman se partagent les territoires autour de la Méditerranée. Des expéditions militaires chrétiennes, les **croisades**, opposent musulmans et chrétiens.
- Le **commerce** se développe entre marchands chrétiens et musulmans. Les contacts permettent à l'Europe chrétienne de découvrir la richesse de la culture arabe.

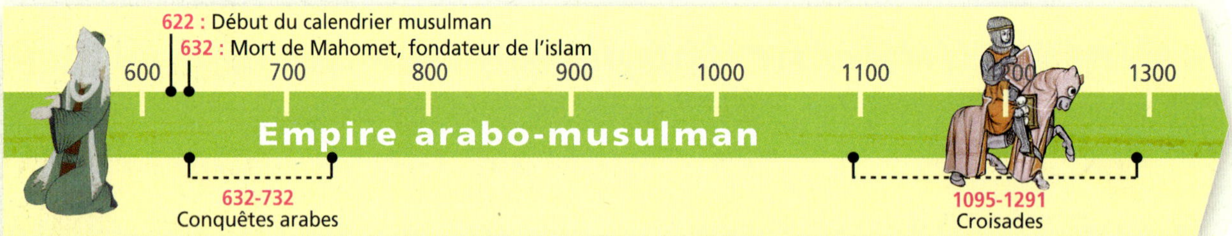

Histoire des arts

L'art de l'Islam

DOC. 15 **Arabesques et calligraphies** (détail architectural de la madrassa ou école coranique des mères du Roi, Ispahan, Iran).

L'Islam a développé une forme d'art originale.
La religion musulmane interdit de représenter des personnages dans les lieux de culte.
La décoration est constituée de motifs géométriques que l'on appelle des arabesques.
L'écriture arabe devient une forme de décoration en elle-même. On appelle calligraphie le tracé décoratif des lettres. Les versets du Coran représentent la Parole de Dieu. Ainsi, les mosquées sont ornées de calligraphies du Coran. Comme il n'y a pas d'image, on parle d'art non figuratif.

13 Le royaume de France à l'époque de la guerre de Cent Ans

DOC. 1 **Jeanne d'Arc devant Paris** (miniature extraite du manuscrit *Vigiles du roi Charles VII* par Martial de Paris dit d'Auvergne, 15e siècle, BNF, Paris).

1. Décris la scène et explique ce qui se passe.
2. Retrouve Jeanne d'Arc sur l'image. À ton avis, quel rôle joue-t-elle ?

Blason des Capétiens, les rois de France.

Blason des rois d'Angleterre.

Blason du roi d'Angleterre Edouard III, qui se proclame roi de France et d'Angleterre.

DOC. 2 Blasons.

DOC. 4 **La bataille de Crécy en 1346** (BNF, Paris). Les chevaliers français subissent une lourde défaite face aux archers anglais.

En 1328, le roi de France meurt sans avoir de fils. Pour la première fois, la dynastie capétienne n'a pas d'héritier mâle direct. Un cousin, Philippe VI de Valois, devient alors roi de France.

Edouard III, roi d'Angleterre revendique aussi la couronne de France car il est le petit-fils d'un roi capétien. Il se proclame roi de France et d'Angleterre. En 1337, l'armée anglaise débarque en France. C'est le début de la guerre de Cent Ans qui durera jusqu'en 1453 !

DOC. 3 **Une querelle d'héritage à l'origine d'une guerre de cent ans !**

DOC. 5 **La bataille d'Azincourt en 1415** (Lambeth Palace Library, Londres). Comme à Crécy, la chevalerie française est massacrée par les archers anglais.

« [...] je sais que les Anglais seront boutés[1] hors de France, excepté ceux qui y mourront ; et que Dieu enverra victoire aux Français et contre les Anglais [...]. »

Réponse de Jeanne d'Arc à ses juges, dans la prison, samedi 17 mars 1431.

1. chassés

DOC. 6 La mission de Jeanne d'Arc.

DOC. 7 Jeanne d'Arc en armure (enluminure de 1431).

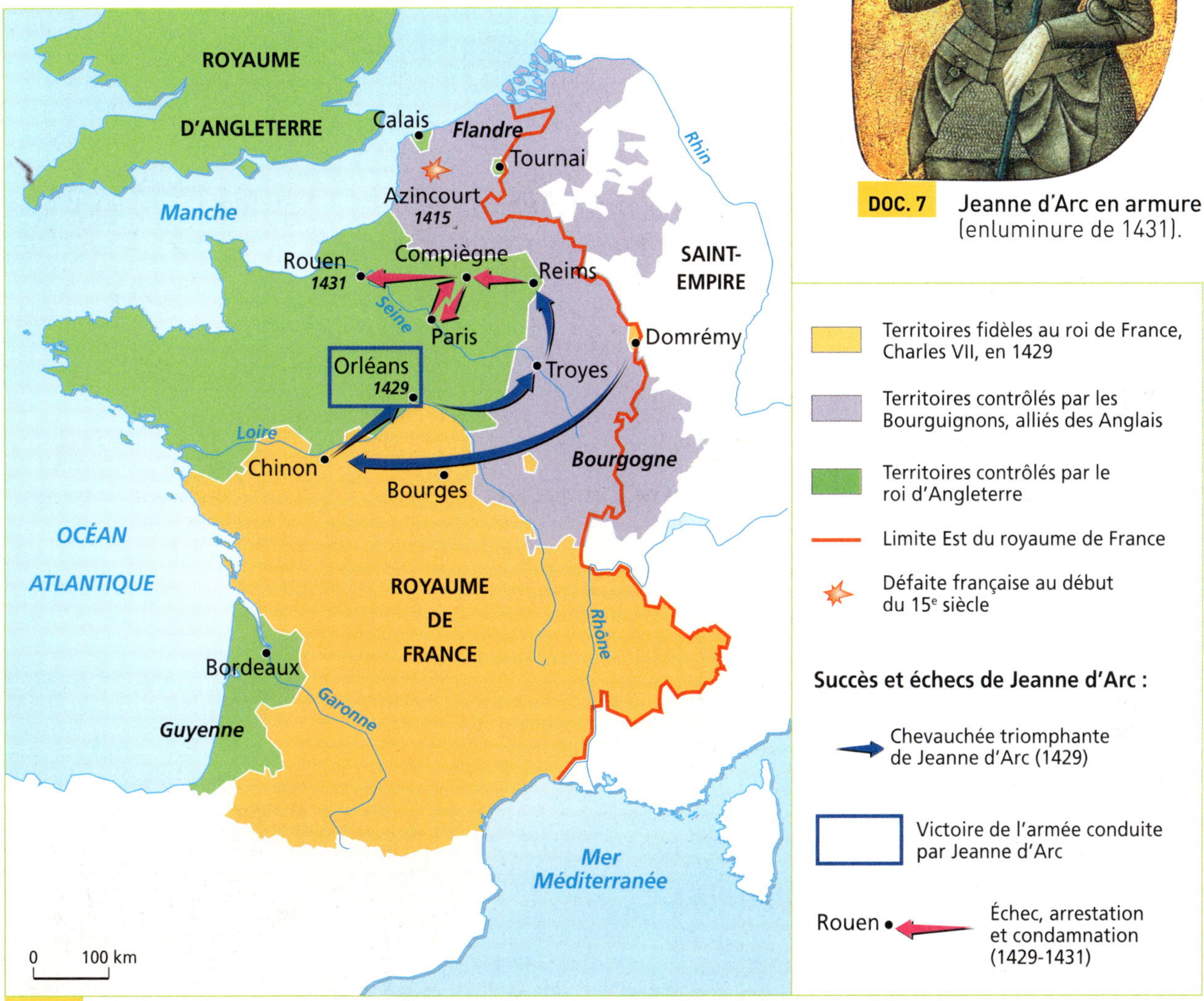

DOC. 8 La chevauchée de Jeanne d'Arc.

1. Observe le blason d'Edouard III, roi d'Angleterre [Doc. 2]. Comment est-il composé ? À ton avis, pourquoi ?
2. En t'aidant du texte [Doc. 3], donne la cause de la guerre de Cent Ans.
3. Observe les bannières (étendard, sorte de drapeau à l'extrémité d'une lance) sur les documents 4 et 5. En t'aidant des blasons [Doc. 2], identifie les combattants.
4. En quoi les documents 4, 5 et 8 montrent-ils que le royaume de France connaît de graves difficultés ?
5. Lis le document 6. Quelle mission se donne Jeanne d'Arc ? Quelle tenue porte-t-elle [Doc. 7] ?
6. Cite le nom des villes où Jeanne d'Arc a été triomphante et le nom des villes où Jeanne d'Arc a échoué [Doc. 8].

1 La guerre de Cent Ans (1337-1453)

Une guerre de succession

À partir de 1328, Philippe VI de Valois et Edouard III, roi d'Angleterre, se disputent la couronne de France [Doc. 3 p. 86]. Cette rivalité est à l'origine de la guerre de Cent Ans.

Une guerre désastreuse pour le royaume de France

L'armée d'Edouard III débarque en France, c'est le début de la guerre de Cent Ans. Les Anglais contrôlent en France de vastes territoires [Doc. 8 p. 87].
À différentes reprises, les armées du roi de France subissent d'importantes défaites. À Crécy (1346), à Poitiers (1356) et, plus tard, à Azincourt (1415), les nobles chevaliers français sont massacrés par les archers anglais [Docs. 4 et 5 p. 86].
Les populations souffrent malgré des périodes de trêves. Des bandes de soldats, appelés routiers ou écorcheurs, pillent et massacrent dans les campagnes.

2 Guerre, famine, épidémies, révoltes : les malheurs des temps

Aux 14 et 15e siècles, les populations souffrent de la guerre mais aussi d'autres malheurs.
– La famine, due à de mauvaises récoltes, s'abat sur les territoires.
– Les hommes, mal nourris, affaiblis, sont sans défense face aux maladies, en particulier la Peste noire venue d'Orient. Cette maladie se propage dans toute l'Europe en 1348-1349.
– Les paysans accablés d'impôts s'en prennent aux seigneurs qui ne les protègent plus. Dans les villes comme dans les campagnes, des révoltes éclatent. Les seigneurs répriment sévèrement ces révoltes.

DOC. 9 Les ravages de la Peste noire en France (manuscrit du 14e siècle, bibliothèque Marciana, Venise, Italie).

De nombreux corps de pestiférés sont rapidement ensevelis. Leurs affaires sont brûlées. Essaie de comprendre pourquoi.

DOC. 10 Des paysans attaquent un chevalier isolé (enluminure des *Chroniques d'Angleterre* de Jean de Wavrin, 15e siècle).

3 Jeanne d'Arc et la guerre de Cent Ans

Après la défaite d'Azincourt (1415), la situation du royaume de France est catastrophique. Le roi d'Angleterre est désigné comme successeur du roi de France à la place du Dauphin, le futur Charles VII.

Jeanne d'Arc, une jeune paysanne née à Domrémy en Lorraine, affirme entendre des voix envoyées par Dieu. Ces voix lui ordonnent de délivrer la France des Anglais et de faire sacrer le Dauphin à Reims. Ce dernier accepte de recevoir Jeanne d'Arc et lui confie une armée.

Jeanne d'Arc, à la tête de son armée, libère Orléans. Son action permet à Charles VII d'être sacré à Reims en 1429.

Jeanne d'Arc est faite prisonnière par les Bourguignons en 1430 [Doc. 8 p. 87]. Ils la livrent aux Anglais. Elle est jugée et condamnée à mort. Le 30 mai 1431, elle meurt sur le bûcher à Rouen [Doc. 11]. Charles VII parvient ensuite à achever la reconquête de son royaume : la guerre de Cent Ans prend fin en 1453.

DOC. 11 **Jeanne d'Arc sur le bûcher,** miniature de 1484 (BNF, Paris).

4 Un pouvoir royal renforcé au 15e siècle

La monarchie sort renforcée de la guerre de Cent Ans. Le roi Charles VII crée une armée permanente, constituée de soldats de métier. Il met en place des impôts royaux.

À la fin du 15e siècle, l'autorité du roi s'impose à tout le royaume. Le domaine royal s'est considérablement agrandi.

DOC. 12 **Charles VII, peinture de Jean Foucquet** (15e siècle) (musée du Louvre, Paris).

Les mots de l'Histoire

- **blason :** ensemble des insignes et symboles d'une famille noble.
- **chevauchée :** expédition militaire au Moyen Âge.
- **Dauphin :** prince héritier de la couronne. C'est le fils du roi.
- **monarchie :** système de gouvernement dirigé par un roi.

Je sais maintenant

- La **guerre de Cent Ans** marque les 14e et 15e siècles. **Anglais et Français se disputent la succession de la couronne de France.** Les défaites militaires françaises se succèdent.
- Au cours de ces années, **les malheurs s'accumulent** :
  – la famine sévit ;
  – les épidémies déciment la population ;
  – **l'insécurité règne** dans la société ;
  – les révoltes se multiplient dans les campagnes comme dans les villes.
- La **chevauchée de Jeanne d'Arc** marque un tournant dans la guerre de Cent Ans.
  À la tête d'une armée, Jeanne d'Arc libère Orléans et **fait sacrer Charles VII** à Reims.
  Livrée aux Anglais, Jeanne d'Arc est brûlée vive à Rouen en 1431.
- En 1453, Charles VII achève la reconquête.
  En France, à la fin du Moyen Âge, **le pouvoir royal est considérablement renforcé.**

Histoire des arts

Une riche demeure à l'époque de la guerre de Cent Ans

DOC. 13 La maison de Jacques Cœur à Bourges (15e siècle).

Jacques Cœur est un très riche homme d'affaires. Il se met au service de Charles VII en 1440. Il se fait construire à Bourges un vaste hôtel particulier, véritable palais princier.
Le bâtiment est richement décoré. Lucarnes et clochetons ornent la toiture. Les ouvertures de la façade, fenêtres et portails, sont finement sculptées. On y reconnaît des arcs brisés. On parle de gothique « flamboyant ».

14 Le temps des grandes découvertes

DOC. 1 **L'arrivée de Christophe Colomb en Amérique**
(gravure de Théodore de Bry du 16e siècle, collection particulière).

1. Observe le document 1. Décris les bateaux. Décris les différents groupes de personnages.
2. À ton avis, qui sont ces personnages ? Que fait chacun de ces groupes ?

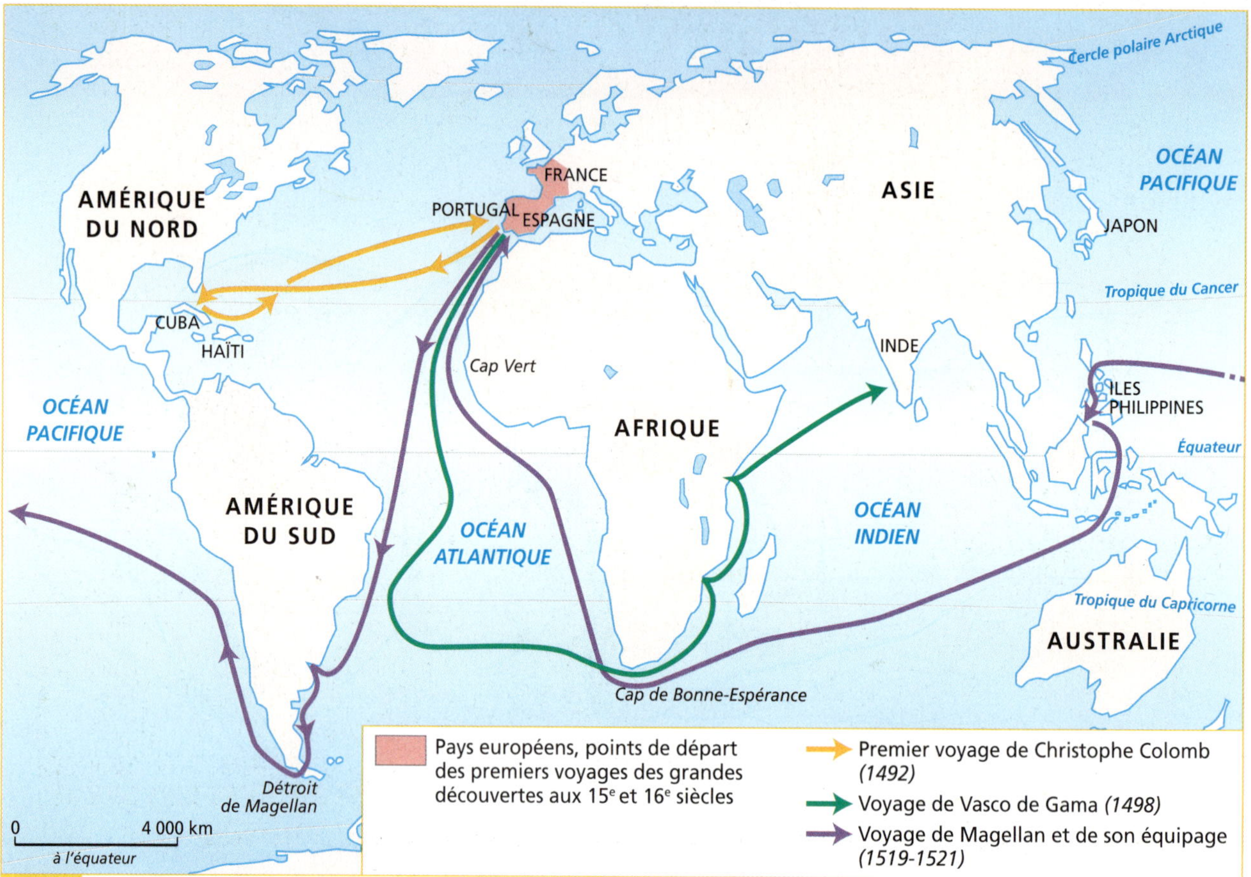

DOC. 2 Les trajets de quelques grands navigateurs européens aux 15e et 16e siècles.

1 Sur le document 2, observe les trajets des navigateurs ; relève les points communs et les différences.

2 Observe les documents 2 et 3.
- Qui est Magellan ?
- Qu'est-ce qui te permet de le savoir ?
- Décris la route empruntée par Magellan et son équipage, partis du Portugal en 1519 [Doc. 2].
- Pour les géographes de cette époque, qu'est-ce que son expédition permet de prouver ?

3 À ton avis, qu'est-ce qui pousse les navigateurs à découvrir de nouvelles terres ? Aide-toi du document 1 p. 91.

DOC. 3 Portrait de Ferdinand Magellan tenant une carte dans sa main, peinture d'Antonio Giovanni de Varese (16e siècle, Villa Farneze, Caprarola, Lazio, Italie).

DOC. 4 **Une carte du monde réalisée en 1486,** d'après Ptolémée (Bibliothèque Nationale, Paris).

DOC. 5 **Une carte du monde réalisée au 16e siècle, c'est-à-dire un siècle après la carte du document 4** (British Library, Londres).

4 Observe bien la façon dont sont dessinés les mers, les océans, les continents sur chacune des deux cartes ci-dessus. Sur le document 4, quelle partie du monde te paraît bien représentée ?

5 Quels changements importants peux-tu relever entre les documents 4 et 5 ? Essaie de les expliquer, en t'aidant de tes observations précédentes.

6 Qu'est-ce qui a changé pour les Européens, aux 15e et 16e siècles, dans les trajets des navigateurs et dans la connaissance du monde ?

1 D'importants progrès marquent la fin du Moyen Âge.

Dans la connaissance du monde

Aux 15e et 16e siècles, les marins portugais, espagnols, italiens, français s'éloignent de plus en plus de l'Europe. La géographie de la Terre est mieux connue. Les savants veulent vérifier que la Terre est ronde et savoir combien il existe de continents.

Dans la navigation

La boussole [Doc. 6] et l'astrolabe [CHAPITRE 12 p. 83] aident les marins à se repérer. La caravelle [Doc. 1 p. 91] permet de mieux naviguer sur les océans ; c'est un navire rapide, de petite taille.

DOC. 6 **La boussole** (musée National de la Renaissance, Écouen). Connue des Européens au 15e siècle, la boussole est utilisée par les marins pour naviguer loin des côtes.

2 Les Européens recherchent de nouvelles terres.

Pourquoi découvrir de nouvelles terres ?

À la fin du Moyen Âge, les Européens croient qu'il existe des terres fabuleuses. Ils veulent aussi que tous les peuples du monde deviennent chrétiens.
D'autre part, les Européens cherchent des routes nouvelles pour faire du commerce avec l'Asie.

Qui sont les découvreurs ?

À la fin du 15e siècle, les Portugais longent les côtes de l'Afrique et franchissent le cap de Bonne-Espérance [Doc. 2 p. 92]. Vasco de Gama atteint l'Inde en passant par cet itinéraire.
Christophe Colomb, au service des rois d'Espagne, navigue vers l'ouest et débarque aux Antilles en 1492. Il se croit arrivé en Inde. En fait, il découvre l'Amérique.
En 1519, Magellan et son équipage prouvent que la Terre est ronde en effectuant le tour du globe [Doc. 2 p. 92].

DOC. 7 **Amerigo Vespucci.** C'est ce navigateur qui découvre qu'en réalité Christophe Colomb a abordé sur un nouveau continent. C'est de son nom que vient celui d'« Amérique ».

3 L'Europe installe sa domination sur une grande partie du monde.

L'exploitation des populations et des territoires conquis

Au début du 16e siècle, les Portugais et les Espagnols s'emparent de différents territoires américains : le Brésil, le Pérou, le Mexique. Les Européens soumettent les populations d'Amérique au travail forcé dans les mines d'or et d'argent. Le travail, très dur, épuise et tue beaucoup d'hommes.

Le commerce triangulaire

DOC. 8 Le commerce triangulaire.

Les Européens se tournent alors vers l'Afrique pour chercher de la main d'œuvre. Ils organisent le **commerce triangulaire** [Doc. 8]. Des navires appelés « négriers » partent d'Europe chargés d'armes et de marchandises sans valeur. En Afrique, les Européens échangent ces marchandises contre des esclaves noirs. Amenés par les négriers en Amérique, ces esclaves sont vendus pour travailler dans les grandes exploitations. Les navires regagnent alors l'Europe chargés des produits d'Amérique : sucre, tabac, café.
La traite des Noirs dure jusqu'au 19e siècle et touche environ 10 millions d'Africains.

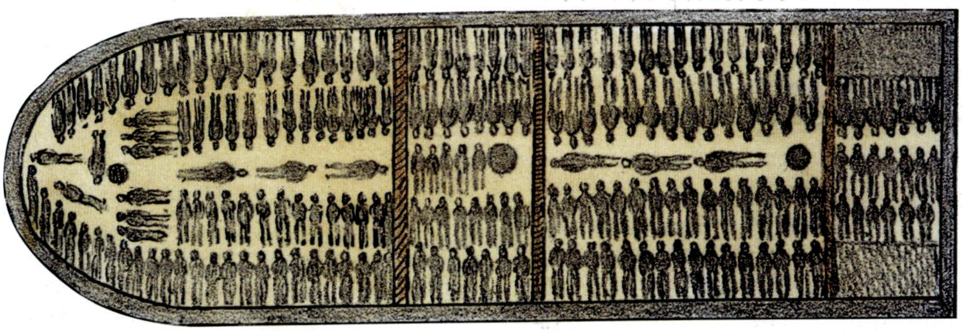

DOC. 9 Des esclaves entassés sur le négrier, *Le Brooks*, gravure anonyme du 17e siècle.

Que penses-tu des conditions de transport des esclaves ?

Les mots de l'Histoire

- **commerce triangulaire :** c'est l'une des formes de la traite des Noirs entre l'Europe, l'Afrique et l'Amérique entre le 16e siècle et le début du 19e siècle.
- **Indiens d'Amérique :** nom donné par les Européens aux populations du continent américain, à la suite des expéditions de Christophe Colomb qui croyait avoir atteint l'Inde.

Je sais maintenant

- Aux 15e et 16e siècles, la **cartographie**, la **navigation** et la **connaissance** du monde progressent.
- Les Européens désirent **découvrir de nouvelles** terres :
  – pour mieux connaître la Terre, ses continents ;
  – pour convertir les populations au christianisme ;
  – pour ouvrir le commerce à d'autres routes.
- Les navigateurs, au service des Portugais et des Espagnols, sont les premiers à se lancer dans de grandes expéditions. Le **grand commerce entre l'Asie, l'Amérique et les ports atlantiques de l'Europe** se développe.
- Les **Européens exploitent** les terres découvertes en Amérique. Ils **soumettent et maltraitent les Indiens d'Amérique**. Ils réduisent également les **populations noires d'Afrique** à l'**esclavage** en organisant le **commerce triangulaire**.

1450 — 1500 — 1550

FIN DU MOYEN ÂGE | TEMPS MODERNES

1492 Christophe Colomb découvre l'Amérique.

1519-1521 L'expédition de Magellan prouve que la Terre est ronde.

Histoire des arts

Un livre peint après la conquête espagnole

DOC. 10 **Image extraite d'un codex précolombien sur le cacao,**
(*Codex Florentino*, 16e siècle, collection Anatochiw, Mexique).

Tu peux voir la page d'un codex réalisé par des Indiens d'Amérique après la conquête espagnole. Un codex est un livre. C'est une longue bande de papier plié en accordéon. Le papier est réalisé à partir de végétaux. Tu peux observer la finesse du dessin et la couleur des encres utilisées. Cette image montre un cacaoyer dont les fruits permettent d'obtenir le cacao, à l'origine du chocolat.

15 La Renaissance

DOC. 1 *Le Mariage de la Vierge*, Raphaël, 1504
(peinture sur bois, 118 x 170 cm, Pinacothèque de Brera, Milan, Italie).

1. Décris le tableau.
2. Observe la taille des différents personnages et les lignes du tableau pour comprendre comment le peintre donne l'impression de profondeur au paysage.

DOC. 2 *L'Adoration des Mages*, Guido da Siena, 13e siècle (Staatliches Lindenau-Museum, Altenbourg, Allemagne).

1. Observe les tableaux [Docs. 2 et 3]. Ils représentent la même scène, l'adoration des Rois mages. L'un a été peint au Moyen Âge [Doc. 2], l'autre au 16e siècle [Doc. 3]. Quelle impression te donne chaque tableau ?
2. Quelles ressemblances et différences peux-tu noter entre eux :
   – dans les éléments du décor ?
   – dans les personnages ?
3. Quelle différence te frappe le plus entre les deux œuvres ?

DOC. 3 *L'Adoration des Mages*, Albrecht Dürer, 1504 (musée des Offices, Florence, Italie).

DOC. 4 **Le château de Loches en Touraine** (construit entre 1013 et 1035).

4 Décris le château de Loches et celui d'Azay-le-Rideau.

5 Relève les points communs, les différences.

6 D'après toi, dans quel but l'un et l'autre ont-ils été construits ?

7 Qu'as-tu appris en comparant les documents 2 et 3, puis les documents 4 et 5 ?

DOC. 5 **Le château d'Azay-le-Rideau en Touraine** (construit à partir de 1518).

1 Qu'est-ce que la Renaissance ?

En Europe, le Moyen Âge s'achève après 1450. Une nouvelle période commence : la Renaissance. Elle dure jusqu'au 16e siècle. Cette période est marquée par de profonds changements dans les arts et la pensée. Des hommes instruits, des savants, s'interrogent sur la place de l'homme dans l'Univers. Ce sont les humanistes.

2 Les humanistes s'intéressent à toutes les formes d'art.

La peinture

L'art du paysage et du portrait s'affirme. Les peintres utilisent pour la première fois la perspective dans leurs tableaux [Doc. 1 p. 97 et doc. 3 p. 98]. Ils créent des effets d'ombre et de lumière. La technique de la peinture à l'huile permet de rendre minutieusement les détails.

L'architecture

Les architectes voient dans le gothique [CHAPITRE 11 p. 73] un art barbare. Ils recherchent la simplicité des lignes, l'harmonie des proportions. Ils redécouvrent les coupoles et les colonnes, très présentes chez les Grecs et les Romains.
Les châteaux gardent leur aspect médiéval avec leurs tours et leurs toits en pente, mais ils s'enrichissent d'éléments de décor (de clochetons par exemple).
Au Moyen Âge, le château est bâti pour se défendre [Doc. 4 p. 99] ; à la Renaissance, il est construit pour mener une vie agréable [Doc. 5 p. 99].

La littérature

Les écrivains redécouvrent les auteurs de l'Antiquité grecque et romaine.
Ils défendent également les langues nationales : le français, l'italien, l'anglais.

3 Les artistes sont aidés.

Les artistes sont soutenus par des mécènes. Les princes d'Europe aident les artistes en leur passant de nombreuses commandes. En Italie, la famille des Médicis protège des artistes comme Raphaël, Michel-Ange ou Léonard de Vinci. Le roi de France, François Ier, achète de nombreuses œuvres d'art et fait venir des artistes italiens, dont Léonard de Vinci. François Ier fait construire de somptueuses demeures comme les châteaux de la Loire. Sa sœur, Marguerite de Navarre, encourage les poètes.

DOC. 6 François Ier, roi de France de 1515 à 1547 (portrait de Clouet, vers 1528, musée du Louvre, Paris).

4 Les humanistes sont curieux dans tous les domaines.

L'anatomie, la chirurgie

André Vésale, un médecin, fait progresser la connaissance du corps humain en pratiquant la dissection.

L'astronomie

Jusqu'au 16e siècle, les hommes pensent que la Terre est le centre de l'Univers. Nicolas Copernic comprend que la Terre tourne sur elle-même et autour du Soleil.
Au 17e siècle, les observations de Galilée confirment les idées de Copernic.

DOC. 7 **Le système de Copernic, la nouvelle vision du monde** (extrait de *L'Atlas Céleste*, Cellarius, 16e siècle).

Les techniques

Léonard de Vinci imagine des machines extraordinaires (machines à voler, catapultes géantes). De grands progrès sont réalisés dans les sciences et les techniques.

DOC. 8 **Le char d'assaut imaginé par Léonard de Vinci.** « Je construirai des chars couverts, sûrs, à l'abri de toute attaque, qui pénétreront dans les rangs ennemis avec leurs artilleries. » écrit Léonard de Vinci.

5 Les humanistes défendent l'éducation.

Les humanistes estiment que l'instruction est essentielle pour avoir des connaissances et apprendre à raisonner. Ils veulent former des hommes ouverts à toutes les disciplines : arts, sciences, culture, sports.

DOC. 9 **Une classe au 16e siècle**
(bois peint à l'or, 16e siècle, musée de Cluny, Paris).

Les mots de l'Histoire

- **mécènes :** personnes, souvent des princes ou de riches marchands, qui soutiennent des artistes et leur commandent des œuvres.
- **perspective :** manière de dessiner sur une surface plane pour rendre l'effet de profondeur.

Je sais maintenant

- Aux 15ᵉ et 16ᵉ siècles, les **humanistes donnent à l'homme une place importante dans l'Univers.**
- Les **arts**, la **littérature**, les **sciences** connaissent de profondes transformations.
- **Peintres** et **architectes** renouvellent leurs techniques et réalisent des œuvres importantes. Ils sont soutenus par des **mécènes**.
- La **Renaissance** s'étend à de nombreux pays d'Europe. Les princes et les artistes voyagent beaucoup et échangent leurs idées.
- Les humanistes insistent sur **l'importance de l'éducation.**

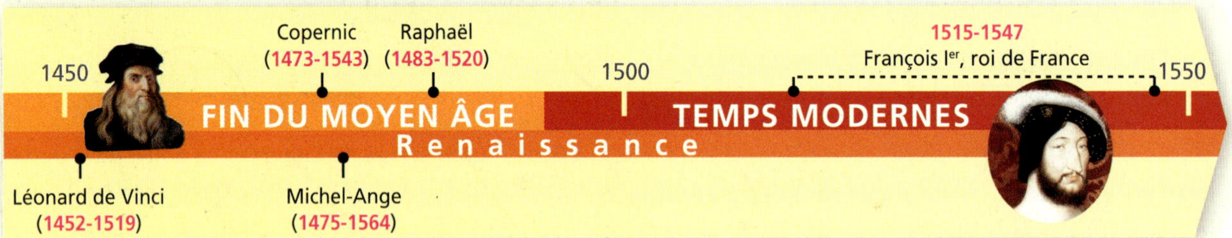

Histoire des arts

La danse au temps de la Renaissance

Au Moyen Âge, la danse était un passe-temps populaire. On dansait partout, sur les places des villages, lors des fêtes.
En 1589, Antoine Arbeau publie un traité de danse. Il a pour but d'apprendre aux jeunes gens de bonnes familles l'art de la danse. En effet, la danse, au temps de la Renaissance, devient une activité très appréciée des princes. Les cours de France et d'Europe ont leurs musiciens, leurs maîtres de ballet. La danse se pratique en couple ou en groupes. La musique de ces danses de cour est imprimée. Aujourd'hui, grâce à ces partitions, on peut jouer ces musiques sur des instruments anciens.

DOC. 10 *Danse de paysans*, Pieter Bruegel, 1568 (huile sur bois, 114 x 164 cm, Kunsthistorisches Museum, Vienne, Autriche).

DOC. 11 ***Bal à la cour du roi Henri III*, dit autrefois Bal du duc d'Alençon** (huile sur toile, 120 x 183 cm, seconde moitié du 16ᵉ siècle, musée du Louvre, Paris).

16 Catholiques et protestants au 16e siècle

DOC. 1 *Le massacre de la Saint-Barthélemy*, **peinture de François Dubois (1529-1584), 1582**
(musée cantonal des Beaux-Arts, Lausanne, Suisse).
Sur ordre du roi de France, les catholiques massacrent les protestants à Paris dans la nuit du 23 au 24 août 1572. Les tueries se multiplient dans toute la France. Environ 30 000 protestants en sont les victimes.

Observe ce tableau et lis la légende.

1. Que s'est-il passé à Paris en 1572 ?
2. Quels groupes s'opposent ? Essaie de les reconnaître sur le tableau.

DOC. 2 **Martin Luther**
(gravure imprimée en Allemagne en 1519).
En 1517, un moine allemand, Martin Luther, dénonce certaines pratiques catholiques. Il souhaite une réforme de l'Église. Ses partisans seront appelés protestants.

DOC. 3 **La vente des indulgences**
(gravure sur bois, 1521).
Le pape vend des lettres d'indulgences. Les fidèles qui les achètent espèrent que leurs péchés seront pardonnés. Luther est contre cette pratique.

[…] Pourquoi le pape, dont le sac est aujourd'hui plus gros que celui des plus riches, ne construit-il pas au moins cette Basilique de Saint-Pierre avec ses propres deniers, plutôt qu'avec l'argent des pauvres fidèles ? […]

Martin Luther, d'après *Thèses sur la vente des indulgences*, 1517.

DOC. 4 **Luther critique le pape.**

DOC. 5 **Destructions de statues dans une église de Zurich en Suisse en 1524** (Heinrich Bullinger, *L'histoire de la Réformation*, copie de 1605 par Heinrich Thomann, Zentralbibliothek de Zurich, Suisse).
Les protestants ne sont pas d'accord avec le culte des saints dans la religion catholique.

1. Observe et lis les documents 2, 3 et 4. Qui est Luther ? Que souhaite-t-il ? Comment s'appellent ses partisans ? Explique pourquoi Martin Luther n'est pas d'accord avec le pape.
2. Observe le document 5 et lis sa légende : que font certains protestants ? Explique pourquoi ils commettent de telles actions.

DOC. 6 *La michelade de Nîmes*, **gravure de Franz Hogenberg** (fin 16e-début 17e siècle, BNF, Paris).
Le jour de la saint Michel 1567, les protestants massacrent des prêtres catholiques à Nîmes.

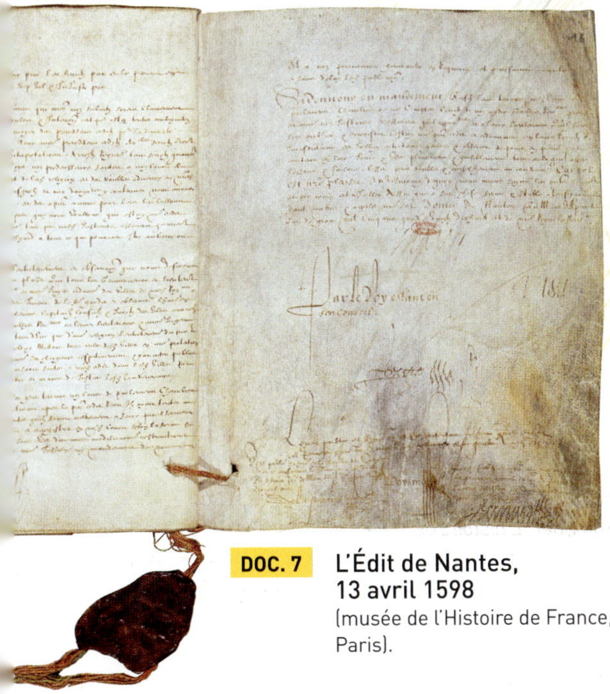

DOC. 7 **L'Édit de Nantes, 13 avril 1598** (musée de l'Histoire de France, Paris).

Nous avons permis et permettons à ceux de la religion prétendue réformée[1] de vivre partout dans notre royaume sans être vexés, battus, ni obligés à faire quelque chose […] contre leur conscience. […] Nous ordonnons que dans les faubourgs d'une ville […] l'exercice de ladite religion pourra se faire publiquement par tous ceux qui y voudront aller. Ordonnons qu'il ne sera fait ni différence, ni distinction entre les religions pour être admis dans les universités, collèges et écoles, dans les hôpitaux et les léproseries[2].

D'après l'*Édit de Nantes* promulgué par le roi Henri IV en 1598.

1. la religion protestante
2. lieux où l'on soigne les lépreux

DOC. 8 **Extrait de l'Édit de Nantes.**

4 Observe le document 1 p. 103 et le document 6. Relève les lieux et les dates de ces événements.
5 Relève les points communs et les différences entre les deux événements. Que peux-tu en conclure ?
6 Lis le texte [Doc. 8]. Qui est l'auteur de l'Édit de Nantes ? Qu'impose-t-il et pourquoi ?

1 Qui sont les protestants ?

L'Église catholique contestée

À la fin du Moyen Âge, de nombreux chrétiens n'ont plus confiance en l'Église catholique. Certains critiquent le clergé, l'ignorance des prêtres, la richesse des évêques et du pape.
En Allemagne, en 1517, le moine Martin Luther [Doc. 2 p. 104] se révolte contre ces pratiques abusives. Il appelle à la Réforme de l'Église. Le pape condamne les idées de Luther.
Les chrétiens se divisent : d'un côté les protestants, partisans de Luther, de l'autre les catholiques, fidèles au pape. Le protestantisme gagne l'Europe du Nord et le royaume de France.

DOC. 9 Intérieur du temple protestant de Montbéliard (Doubs) construit en 1601-1604.

Observe ce temple. Contrairement aux églises catholiques, l'intérieur est très dépouillé.

Une nouvelle Église réformée

À partir de 1535, le français Jean Calvin, proche des idées de Luther, organise en Suisse et en France une nouvelle Église réformée.
Les protestants lisent régulièrement la Bible. Les fidèles se rassemblent pour leur culte dans des temples [Doc. 9]. Les cérémonies sont simples. Les communautés protestantes sont encadrées par des pasteurs qui peuvent se marier.

2 Comment les idées nouvelles se diffusent ?

Vers 1450, Gutenberg met au point un procédé d'imprimerie. Cette technique permet de multiplier le nombre de livres. Au 16e siècle, les protestants impriment des bibles et des livres traduits en langue nationale pour qu'ils puissent être lus par le plus grand nombre [Doc. 10].

DOC. 10 Bible traduite en allemand par Martin Luther (gravure sur bois, 1541).

3 Qu'est-ce que les guerres de Religion ?

La Réforme protestante divise l'Europe au 16e siècle. L'Église catholique réagit en condamnant les idées protestantes. La tolérance entre croyants de différentes religions n'existe pas.

À partir de 1562, les catholiques et les protestants français, appelés huguenots, s'affrontent. Ce sont les guerres de Religion. Elles sont marquées par des violences de chaque côté [Doc. 1 p. 103] et [Docs. 5 et 6 p. 104-105]. Le plus affreux massacre a lieu à la Saint-Barthélemy en 1572 [Doc. 1 p. 103].

4 Comment Henri IV impose-t-il la tolérance et rétablit-il la paix ?

En 1589, Henri IV devient roi de France.

C'est un protestant. Il est aux côtés des huguenots durant les guerres de Religion. Il a échappé au massacre de la Saint-Barthélemy.

Une partie des catholiques n'accepte pas qu'un protestant devienne roi de France. En 1593, Henri IV se convertit au catholicisme. Il aurait dit à cette occasion : « Paris vaut bien une messe. » Il est sacré l'année suivante et s'efforce de restaurer l'autorité royale.

Henri IV met fin aux guerres de Religion.

En 1598, par l'Édit de Nantes, Henri IV établit la tolérance religieuse. Le royaume de France reste catholique, mais les protestants gagnent le droit d'exercer leur religion dans certaines villes [Docs. 7 et 8 p. 105].

Cependant, l'intolérance religieuse reste présente. En 1610, Henri IV est assassiné par un catholique fanatique, Ravaillac.

DOC. 11 Portrait d'Henri IV en cuirasse et panache blanc, roi de France et de Navarre (1553-1610) (musée du château de Versailles).
Lors d'une bataille qui opposait les huguenots aux catholiques, Henri IV aurait prononcé la phrase célèbre : « Ralliez-vous à mon panache blanc, vous le trouverez sur le chemin de la gloire et de l'honneur. »

Les mots de l'Histoire

- **catholicisme :** religion catholique.
- **huguenots :** nom donné aux protestants français.
- **protestantisme :** religion protestante.
- **Réforme :** la Réforme au 16e siècle est la création par les protestants d'une nouvelle Église.

Je sais maintenant

- Au 16e siècle, les chrétiens se divisent. Une nouvelle religion apparaît, le **protestantisme**.
- Les **protestants** suivent les idées de **Luther** et **Calvin**. Ils souhaitent réformer l'Église et **rejettent l'autorité du pape.**
- Les **catholiques**, de leur côté, restent fidèles à l'Église dirigée par le pape.
- Les idées nouvelles se répandent grâce à l'**imprimerie**, mise au point vers 1450 par **Gutenberg**.
- La Réforme protestante est combattue par les catholiques. Les **guerres de Religion** déchirent l'Europe et la France.
- En **1598**, le roi de France **Henri IV** met fin aux guerres de Religion par l'**Édit de Nantes.** Il impose la **tolérance religieuse.**

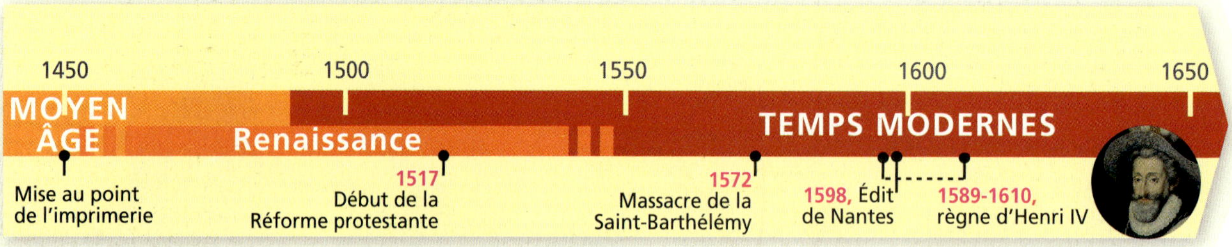

Histoire des arts

Musique et religion

La musique tient une place importante dans le culte protestant. Pendant les cérémonies, les fidèles reprennent des chants religieux aux mélodies simples : ce sont les chorals. De grands musiciens vont développer l'art du choral. Jean-Sébastien Bach est le maître incontesté de cette forme musicale. Écoute un des nombreux chorals que Jean-Sébastien Bach a écrits. Essaye d'entendre la mélodie principale, c'est ce qui s'appelle la première voix. Écoute les autres voix qui accompagnent le chant principal.

DOC. 12

Statue de Jean-Sébastien Bach (1685-1750) à Leipzig, devant l'église Saint-Thomas.

17 Louis XIV, un monarque absolu

DOC. 1 *Portrait de Louis XIV*, **Hyacinthe Rigaud, 1701** (huile sur toile, 277 x 194 cm, musée du Louvre, Paris).

1. Décris le personnage de Louis XIV. Quelle impression te donne-t-il ?
2. Relève dans le tableau les signes qui montrent qu'il est roi.

DOC. 2 ***Louis XIV accordant des audiences***
(attribué à Adam Frans van der Meulen et François Verdier, vers 1672-1673) (musée de Budapest, Hongrie).
Louis XIV reçoit des personnes sous le regard de dieux de l'Antiquité : Apollon et Minerve.

[…] Le roi est distributeur d'un nombre infini de places, de dignités, de charges, […] d'appointements, et de présents […]. Le roi étant aimé et servi de la sorte, il a sur tout le royaume une entière et suprême autorité : tout dépend de lui seul, la paix et la guerre, les impôts, le gouvernement de tout le royaume. Bref, le roi est le maître absolu, nul conseil, nul magistrat ne peut limiter son pouvoir ; nul prince, nul seigneur n'oserait lui résister, ainsi qu'il arrive en d'autres pays.

DOC. 3 Un ambassadeur de Venise explique comment la France est gouvernée sous Louis XIV.

Jean de la Fontaine
(1621-1695)

[…]
Amusez les Rois par des songes,
Flattez-les, payez-les d'agréables mensonges,
Quelque indignation dont leur cœur soit rempli,
Ils goberont l'appât ; vous serez leur ami.

DOC. 4 Les derniers vers des *Obsèques de la Lionne*, fable de Jean de la Fontaine, tirée de son second recueil publié en 1694.

1. Décris le roi, sa position dans le tableau. Décris l'allure des personnages qui sont devant le roi.
2. Comment le roi montre-t-il sa puissance et sa majesté à ceux qu'il reçoit ?
3. Relève dans le texte [Doc. 3] les passages qui montrent que le roi est tout puissant.
4. Ce texte confirme-t-il ce que tu as pu constater en observant le document 2 ?
5. Dans l'extrait de la fable de la Fontaine [Doc. 4], quel rôle le poète attribue-t-il aux gens de la cour qui entourent le roi comme ceux que tu peux voir sur le document 2 ?

DOC. 5 **Vue générale du château de Versailles, le château de Louis XIV.**
Sa forme particulière, ses lignes, sont caractéristiques de ce que l'on appelle l'art classique. Les bâtiments sont entourés d'un immense parc avec des terrasses, des jardins, des plans d'eau et de somptueuses fontaines. On y trouve aussi une orangerie et une ménagerie. Les jardins, dessinés par Le Nôtre, sont ce que l'on appelle « des jardins à la française ».

DOC. 6 ***Le bassin d'Apollon et le Grand Canal de Versailles*, Pierre Denis Martin**
(17e siècle, musée du château de Versailles).

DOC. 7 **La galerie des Glaces.**
La galerie des Glaces, longue de 76 mètres, est réservée aux fêtes, aux grands bals.

6 Repère les formes du château mais aussi celles des jardins [Doc. 5]. Observe le bassin d'Apollon et le Grand Canal [Doc. 6], la galerie des Glaces [Doc. 7]. Quelles impressions te donnent-ils ? À ton avis, qu'a voulu montrer le roi Louis XIV aux grands de ce monde et à son peuple en faisant bâtir le château de Versailles et son parc ?

7 À partir de tous ces documents, que peux-tu dire de la façon de gouverner de Louis XIV ?

comprendre

1 La France est gouvernée par un roi puissant.

Sacré à Reims, le roi de France n'a de comptes à rendre qu'à Dieu.
Ses sujets lui doivent obéissance.
Le roi fait les lois, les fait appliquer, rend la justice.
Il est le chef de l'armée royale sur terre et sur mer.
Il impose sa religion : le catholicisme.
Aux 16e et 17e siècles, des rois comme François Ier, Henri IV, des grands ministres comme Richelieu, renforcent l'autorité royale.

• Louis XIV, un monarque absolu

Louis XIV décide, à partir de 1661, de gouverner seul. Il considère ses ministres comme des serviteurs à qui il fait appel quand il le désire pour l'aider et le conseiller.
Louis XIV se méfie des nobles. Pour diriger le royaume, il préfère s'entourer de riches bourgeois fidèles, comme Colbert.

DOC. 8 **Médaille portant la devise de Louis XIV.**

2 Le territoire est contrôlé et administré depuis Versailles.

Depuis 1682, le roi Louis XIV habite pleinement à Versailles à 23 km de Paris. De nombreux artistes ont participé à la construction et à la décoration de ce somptueux château. Le roi y installe les bureaux de l'administration royale. C'est de là que partent les instructions du roi pour les provinces.

• Versailles et la cour

Louis XIV rassemble les nobles à Versailles pour mieux les surveiller. Ce sont les courtisans dont se moque La Fontaine [Doc. 4 p. 110]. Ils flattent le roi et attendent souvent de lui des récompenses.
Louis XIV montre à Versailles sa puissance et sa majesté [Docs. 5, 6 et 7 p. 111].
La vie de la cour est fastueuse. Le roi s'entoure d'écrivains, de peintres, de musiciens. Il encourage ceux qui lui plaisent et leur passe commande.

DOC. 9 **Molière (1622-1673) :** auteur de pièces de théâtre et comédien.

DOC. 10 **Lully (1632-1687) :** musicien.

DOC. 11 **Charles Le Brun (1619-1690) :** premier peintre du Roi, il décore Versailles.

comprendre

3 La France sous Louis XIV

Un grand territoire

Au 17e siècle, la France est un grand pays dont le territoire ressemble à celui de la France d'aujourd'hui. La construction de routes et de canaux à cette époque permet d'améliorer la circulation des marchandises et des hommes. Cependant, il faut plusieurs semaines pour qu'un ordre du roi arrive dans les provinces.

Des ports et des manufactures

Colbert réorganise la marine. Il dote la France d'une flotte puissante. Il favorise le grand commerce vers les autres continents à partir de ports comme Bordeaux, Nantes, Marseille. Colbert déceloppe les manufactures de tapisserie, de tissus et d'armes.

DOC. 12

Colbert : ministre de Louis XIV de 1661 à 1683.

DOC. 13

La Famille Gohin (peinture de Louis Léopold Boilly en 1787, musée des Arts Décoratifs, Paris).

Une famille de grands bourgeois dans sa maison. Les bourgeois sont souvent armateurs, banquiers, grands marchands.

Un pays agricole

La France du 17e siècle est un grand pays agricole. Elle compte alors 20 millions de sujets. Cinq Français sur six sont des paysans. Souvent pauvres, ils exploitent une petite parcelle. Pour mieux vivre, ils ont souvent un autre métier et sont, par exemple, forgerons ou charpentiers. Il existe cependant des paysans riches, les laboureurs.

Une société inégalitaire

Les paysans, les artisans, les bourgeois constituent ce que l'on appelle le tiers état et représentent la plus grande partie de la population. Ils paient de lourds impôts au roi. Les nobles et les membres du clergé sont des privilégiés qui ne paient pas les impôts royaux.

Les mots de l'Histoire

- **administration royale :** il s'agit de la conduite des affaires publiques, c'est-à-dire de tout ce qui concerne le pays.
- **cour :** l'ensemble des personnes importantes, mais aussi les amis et la famille qui entourent un roi ou un prince.
- **manufactures :** établissements de grande taille qui regroupent dans un même atelier différentes machines et des ouvriers.

Je sais maintenant

- **La France gouvernée par Louis XIV**
  - Louis XIV gouverne seul, en **monarque absolu.** Il détient tous les pouvoirs.
  - Le château de **Versailles** montre la puissance du roi. C'est le **centre** du pouvoir royal. À Versailles, la **cour** mène une existence fastueuse.
- **La France sous Louis XIV**
  - Au 17e siècle, les frontières de la France sont semblables à celles d'aujourd'hui.
  - La France est **un grand pays agricole.**
  - On trouve aussi des **manufactures.**
  - Le commerce se développe.
- **La société sous Louis XIV**
  - La société est composée essentiellement de paysans.
  - On observe de **grandes différences de richesse.**
  - Le **tiers état** n'a pas de privilèges, paie des impôts au roi, contrairement à la **noblesse** et au **clergé**.

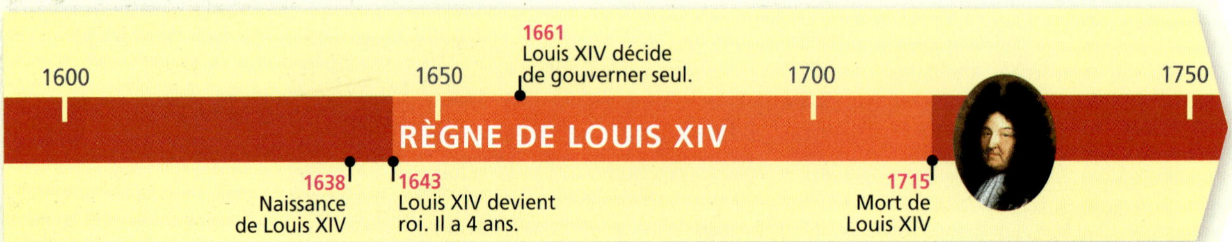

Histoire des arts

L'architecture militaire au service du roi

Aujourd'hui, on admire Neuf-Brisach. Cette ville fortifiée a été créée en Alsace, à la frontière de la France en 1697. Observe la disposition en étoile, les rangées de murailles, les talus. Dans ce système, chaque partie est protégée par une autre. La ville est très organisée : on circule facilement entre les lieux de vie de la population et les lieux de défense. Elle a été construite à partir des plans de Vauban.

Vauban est un très grand ingénieur militaire au service du roi Louis XIV. Il rénove pour le royaume de France plus de 300 places fortes anciennes et crée plus de 30 places fortes nouvelles.

DOC. 14 Ville de Neuf-Brisach.

18 Le siècle des Lumières

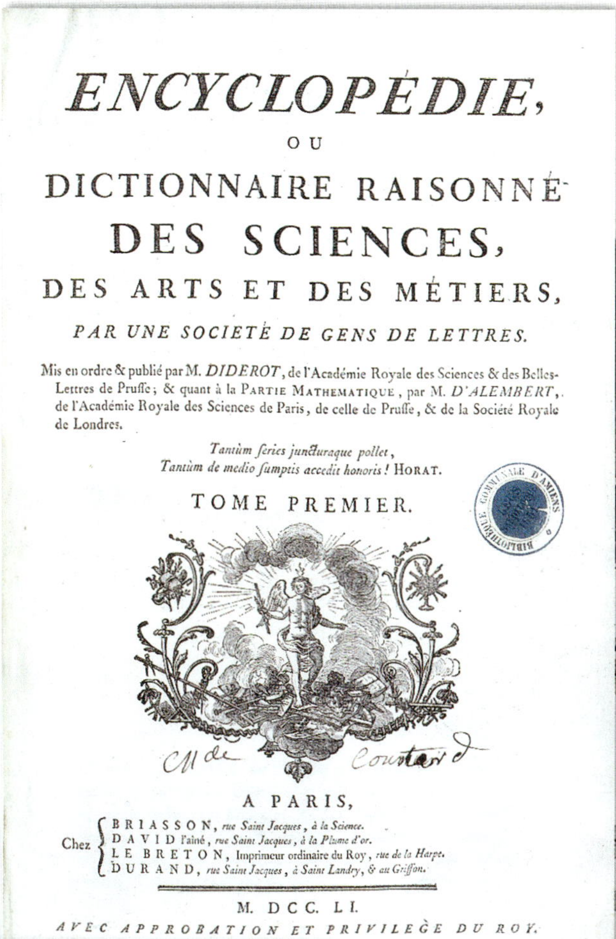

ENCYCLOPÉDIE,
OU
DICTIONNAIRE RAISONNÉ
DES SCIENCES,
DES ARTS ET DES MÉTIERS,
PAR UNE SOCIETÉ DE GENS DE LETTRES.

Mis en ordre & publié par M. DIDEROT, de l'Académie Royale des Sciences & des Belles-Lettres de Pruſſe; & quant à la PARTIE MATHEMATIQUE, par M. D'ALEMBERT, de l'Académie Royale des Sciences de Paris, de celle de Pruſſe, & de la Société Royale de Londres.

Tantùm ſeries juncturaque pollet,
Tantùm de medio ſumptis accedit honoris! HORAT.

TOME PREMIER.

A PARIS,

Chez BRIASSON, rue Saint Jacques, à la Science.
DAVID l'aîné, rue Saint Jacques, à la Plume d'or.
LE BRETON, Imprimeur ordinaire du Roy, rue de la Harpe.
DURAND, rue Saint Jacques, à Saint Landry, & au Griffon.

M. DCC. LI.

AVEC APPROBATION ET PRIVILEGE DU ROY.

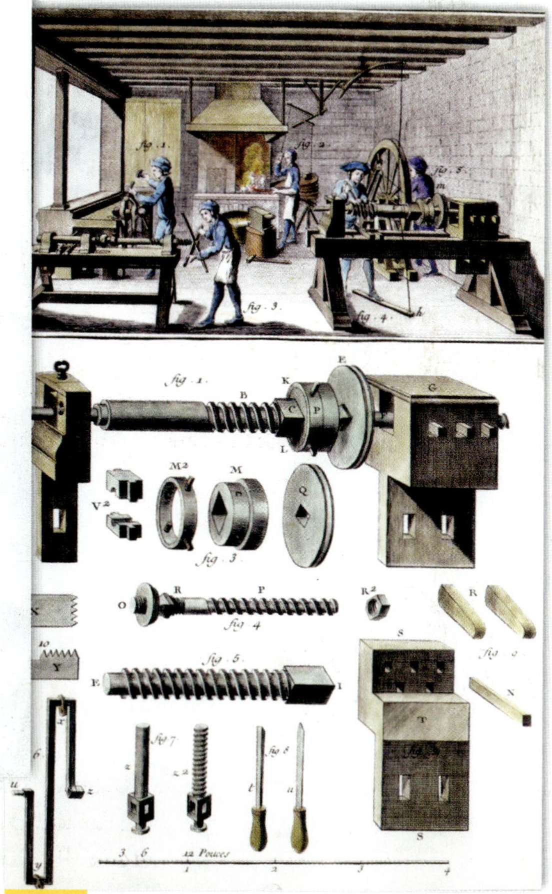

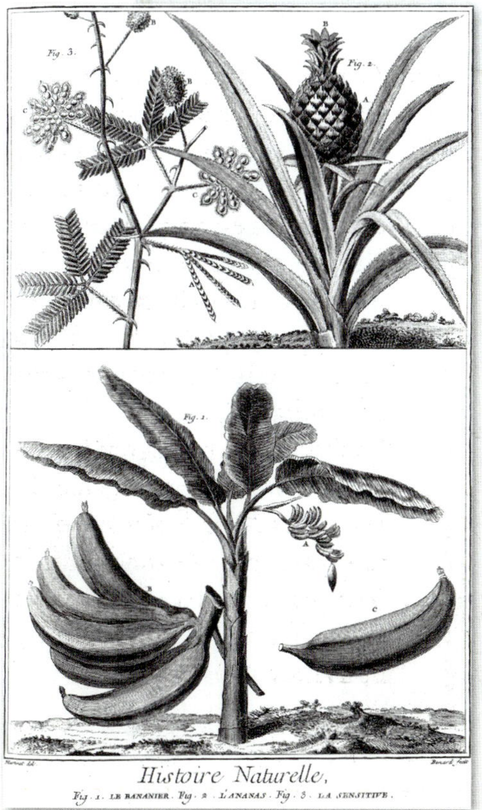

DOC. 1 Pages extraites de l'*Encyclopédie* (18e siècle).

Entre 1751 et 1772, un grand ouvrage, l'*Encyclopédie*, comprenant 17 volumes de textes et 11 volumes de planches de dessins, est publié sous la direction de Denis Diderot. Il rassemble des connaissances scientifiques et des réflexions sur la société humaine.

Observe attentivement ces pages de l'*Encyclopédie*.
Repère quels sont les auteurs principaux de cet ouvrage et les sujets traités.

1 Les « Lumières » et le développement des sciences

Au 18e siècle en Europe, et surtout en France, les connaissances scientifiques se développent, des idées nouvelles circulent. Diderot, un philosophe, parle des « lumières générales qui se sont répandues dans la société ».
Des nobles et des bourgeois échangent ces idées dans des salons et dans les cafés qui se multiplient dans les grandes villes [Doc. 3].

DOC. 2

L'envol d'une montgolfière aux Tuileries le 1er décembre 1783 (musée Carnavalet, Paris).
Les frères Montgolfier sont passionnés par la technique et les machines. Après avoir constaté que l'air chaud monte, ils ont l'idée de faire s'élever, par ce moyen, un ballon de soie et de papier dans le ciel.

DOC. 4 **Lavoisier et sa femme peints par David** (Metropolitan Museum of Art, New York).
Comme beaucoup de savants, Lavoisier, aidé de sa femme, cherche à comprendre le fonctionnement de la nature et de l'univers qui nous entourent. Par ses recherches sur l'air, l'eau, le feu, il est à l'origine de la chimie moderne.

DOC. 3 **Le café Le Procope à Paris au 18e siècle** (gravure d'après M. Kretz).

DOC. 5 **Planches de dessins dans un ouvrage de vulgarisation scientifique (destiné à tous) en 1789-1790.**
Les savants observent la nature pour essayer de la comprendre. Ils rendent compte de leurs observations et de leurs expériences par des dessins très précis.

2 Les Lumières ou les idées nouvelles

Les philosophes, comme Montesquieu, Voltaire ou Rousseau, défendent la liberté, la tolérance et le progrès. Ils s'élèvent contre les privilèges et souhaitent que tous les hommes soient égaux. Tous rejettent le pouvoir absolu du roi. Ces idées sont rassemblées dans un grand ouvrage, l'*Encyclopédie*. De nombreux auteurs ont participé à sa rédaction.

DOC. 6 Diderot.

DOC. 7 Montesquieu.

DOC. 8 Rousseau.

DOC. 9 Voltaire.

3 Les Lumières à l'étranger

Benjamin Franklin (1706-1790) est un homme politique et un savant américain, auteur d'expériences sur l'électricité. Il est aussi l'ami des philosophes anglais et français. Il a contribué à diffuser les idées des Lumières aux États-Unis.

DOC. 10 Benjamin Franklin.

Je sais maintenant

- **Le 18e siècle est appelé le siècle des Lumières.**

– En France et en Europe, les connaissances scientifiques progressent.

– Des **idées nouvelles** sont discutées.

– Beaucoup de ces idées sont rassemblées dans un grand ouvrage : l'*Encyclopédie*.

- **Les philosophes des Lumières :**

– rejettent la monarchie absolue ;

– dénoncent les privilèges de la noblesse et du clergé ;

– défendent la **liberté** et la **tolérance** ;

– affirment que tous les hommes sont égaux.

Histoire des arts

La Saline royale d'Arcs-et-Senans, une manufacture idéale

DOC. 11 La Saline royale d'Arc-et-Senans (Franche-Comté) construite par Claude Nicolas Ledoux.

De 1775 à 1779, l'architecte Claude Nicolas Ledoux construit la Saline d'Arc-et-Senans, une manufacture royale destinée à la production de sel. Observe la disposition des bâtiments, la maison du directeur au centre. Note la forme géométrique, la symétrie, l'utilisation des colonnes. Il est difficile d'imaginer que ce lieu était une manufacture. Claude Nicolas Ledoux a voulu bâtir une cité idéale qui regroupe les lieux d'habitation, les lieux de production et de direction. Un second demi-cercle devait donner à l'ensemble une impression de perfection.

DOC. 12 La maison du directeur de la Saline.

19 L'année 1789

découvrir

DOC. 1 *La prise de la Bastille le 14 juillet 1789* **par Claude Cholat** (musée Carnavalet, Paris).

1. Note la date de cet événement. Qu'évoque pour toi aujourd'hui le 14 juillet ?
2. Repère sur l'image la forteresse de la Bastille.
3. Décris la scène au premier plan. Que se passe-t-il ?
4. Quelles armes sont utilisées ?

Nous[1] avons besoin des conseils de nos fidèles sujets pour Nous aider à surmonter toutes les difficultés où Nous Nous trouvons à cause de l'état de Nos finances. Ces raisons Nous ont déterminé à convoquer l'Assemblée des États de toutes les provinces [...] tant pour Nous conseiller et Nous assister [...], que pour Nous faire connaître les souhaits et doléances de nos peuples, afin qu'il soit apporté le plus rapidement possible un remède efficace aux maux de l'État [...].

D'après la *Lettre de convocation des États généraux à Versailles*, le 14 janvier 1789.

1. Le « Nous » avec une majuscule est une façon pour le roi de parler de lui. C'est le « Nous » de majesté.

DOC. 2 **Le roi convoque les représentants des trois ordres, les États généraux.**

DOC. 3 **Portrait de Louis XVI en costume de sacre,** par Antoine François Callet (musées et domaine nationaux de Compiègne).

DOC. 4 ***Le tiers état portant le clergé et la noblesse***, caricature de 1789 (musée Carnavalet, Paris).

La noblesse vide le trésor royal, le tiers état le remplit. Le tiers état paie et ne profite de rien.

Cahier de doléances d'Aix-en-Provence, 1789 (extrait).

Les députés demanderont l'abolition entière de tous les privilèges, des nobles et clercs. [...] Qu'on puisse abolir les dîmes.

Cahier du village de la Chapelle Craonnaise, 1789 (extrait).

DOC. 5 **Extraits de cahiers de doléances du tiers état.**

Lis et observe les documents 2 à 5.

1. Qui gouverne la France en cette année 1789 ? [Docs. 2 et 3]
2. Quelles sont les 3 grandes composantes de la société française ? [Docs. 4 et 5]
3. Quelle est la situation de la France au début de l'année 1789 ? [Docs. 2, 4 et 5]
4. Pourquoi le roi convoque-t-il les États généraux ?
5. Que dénonce le tiers état ? [Docs. 4 et 5] À ton avis, que désire-t-il ? [Doc. 5]

5 mai 1789

Le roi Louis XVI préside l'ouverture des États généraux à Versailles.

20 juin 1789

Le serment du Jeu de paume. La noblesse refuse tout changement. Les députés du tiers état décident de ne pas se séparer avant d'avoir donné une constitution à la France, c'est-à-dire une nouvelle façon de gouverner. C'est la fin de la monarchie absolue.

14 juillet 1789

Le roi rassemble des troupes militaires autour de Paris pour rétablir son autorité. Les Parisiens se révoltent. Ils recherchent des armes et attaquent la Bastille.

juillet 1789

C'est la Grande Peur. Dans les campagnes, les habitants craignent la réaction des seigneurs ou des attaques de brigands. Les paysans refusent de payer les droits seigneuriaux. Certains attaquent les châteaux et les abbayes.

4 août 1789

Les députés votent l'abolition des privilèges dans la nuit du 4 août. Le 26 août 1789, l'Assemblée nationale adopte la Déclaration des droits de l'homme et du citoyen.

5 octobre 1789

Des milliers de femmes armées marchent sur Versailles pour ramener Louis XVI à Paris. Le peuple veut que le roi approuve les décisions des députés.

DOC. 6 L'année 1789.

6 Observe le document 6. Essaie de comprendre pourquoi 1789 marque un tournant dans l'histoire de la France. Comment les changements sont-ils obtenus ?

1789, la fin de l'Ancien Régime

En 1788-1789, le royaume est en crise : l'État dépense trop et l'argent manque. Louis XVI convoque les États généraux [Doc. 2 p. 120] pour essayer de trouver des solutions. Il demande aux Français de rédiger des cahiers de doléances. Le tiers état dénonce les privilèges des nobles et des clercs, et la monarchie absolue.

Le tiers état se révolte.

Lors des États généraux, les députés du tiers état constatent que la noblesse et le clergé refusent tout changement pour conserver leurs privilèges. Contre l'avis du roi, ils décident de former une Assemblée nationale. Ils veulent rédiger une constitution. Durant l'été 1789, le peuple se soulève. Le 14 juillet 1789, les Parisiens s'emparent de la Bastille ; dans les campagnes, c'est la Grande Peur.

La fin de l'Ancien Régime

L'Assemblée adopte des textes fondamentaux : l'Abolition des privilèges (nuit du 4 août), la Déclaration des droits de l'homme et du citoyen (26 août 1789). C'est la fin de l'Ancien Régime et de la monarchie absolue. La France devient une monarchie constitutionnelle. Désormais le pouvoir est partagé entre l'Assemblée qui vote les lois et le roi.
L'année 1789 marque le début de la Révolution française.

Les mots de l'Histoire

- **cahiers de doléances :** registres sur lesquels les députés de tous les ordres expriment leurs désaccords et formulent des demandes.
- **constitution :** règles essentielles adoptées par un pays. Elles définissent la façon dont il est gouverné, l'organisation du pouvoir.
- **député :** personne élue pour faire partie d'une assemblée.

Histoire des arts

David, un peintre enthousiasmé par la Révolution

Jacques-Louis David est considéré comme le peintre de la Révolution française. Il a le projet de peindre le tableau du serment du Jeu de paume. Il réalise de nombreuses études à la plume. Il travaille avec précision certains détails. Dans la partie droite du tableau, à la fenêtre, l'artiste montre le peuple qui entoure, surveille et soutient les députés révolutionnaires.

DOC. 7

Le serment du Jeu de paume, Jacques-Louis David, 1791, détail (études préparatoires à la plume) (musée national du château, Versailles).

20 La Première République

DOC. 1 *Unité, Indivisibilité de la République, Liberté, Égalité, Fraternité ou la mort* (gravure coloriée éditée par Paul André Basset, 1796).

1. Décris l'image et relève ses couleurs dominantes. À quoi cela te fait-il penser ?
2. Lis ce qui est écrit. Y a-t-il des mots que tu as déjà vus écrits dans cet ordre ?
3. Qu'est-ce qui montre que la situation est grave ?
4. La France est en guerre. Relève les indices qui le montrent

Retour de la famille royale à Paris le 25 juin 1791, gravure coloriée (musée Carnavalet, Paris).

Louis XVI n'accepte pas les changements qui ont eu lieu depuis 1789.

Le mardi 21 juin 1791, le valet de chambre des Tuileries s'aperçoit que le lit du roi est vide. Bientôt on découvre que toute la famille royale s'est envolée. Très vite, Paris apprend l'incroyable nouvelle : le roi s'est enfui. C'est la colère, le peuple s'en prend aux signes de la royauté, s'acharne sur les fleurs de lys qui décorent les immeubles, détruit les bustes du roi. On se met à la poursuite des fuyards. On les rattrape à Varennes. On les ramène à Paris…

D'après un article de la revue *Histoire*, n° 303, 2005.

DOC. 2 La famille royale ramenée à Paris après l'échec de sa fuite à Varennes.

DOC. 3 **Louis XVI, bousculé et insulté en juin 1792.** Les révolutionnaires le forcent à porter le bonnet phrygien et à boire à la santé de la Nation.

Début août 1792, la France est en guerre. Le peuple de Paris pense que le roi souhaite la victoire des armées ennemies. Un auteur allemand raconte dans ce texte ce qui s'est alors passé :

La nuit effroyable s'approche. […] Les Parisiens favorables à la Révolution crient à haute voix : « Qu'on dépose le roi, qu'on le détrône ! »

Le roi se réfugie dans la salle de l'Assemblée nationale et cherche à sauver sa vie. La reine toute courageuse s'écrie sans peur : « Voilà ma poitrine, si je suis coupable percez-là ! Épargnez seulement la vie de mon époux, de mes enfants. » […]

Le massacre commence et toute la courageuse résistance des gardes suisses est vaine, ils sont perdus. […] On braque les canons […].

D'après « La nuit terrible à Paris le 10 août 1792 », récit allemand, BN, Château collection.

DOC. 4 Le 10 août 1792, la prise du palais des Tuileries.

1. Lis et observe les documents 2 à 5.
2. Que se passe-t-il entre le peuple de France et son roi ?
3. Peux-tu en donner quelques raisons ?

DOC. 5 Exécution de Louis XVI.

DOC. 6 *Figure allégorique de la République* (Antoine-Jean Gros, 1794, musée national du château de Versailles). La République est proclamée le 22 septembre 1792.

Article premier. La République française est une et indivisible.

Article 122. La Constitution garantit à tous les Français l'égalité, la liberté, la sûreté, la propriété [...], le libre exercice des cultes, une instruction commune, des secours publics, la liberté indéfinie de la presse, le droit de pétition, le droit de se réunir en sociétés populaires, la jouissance de tous les Droits de l'homme.

DOC. 7 Extraits de la Constitution de l'An I - Première République.

DOC. 8 Un sans-culotte.
Homme du peuple, il porte le pantalon et non pas la culotte comme les nobles et les riches bourgeois. Il est coiffé du bonnet phrygien, symbole de liberté. Les sans-culottes défendent la République.

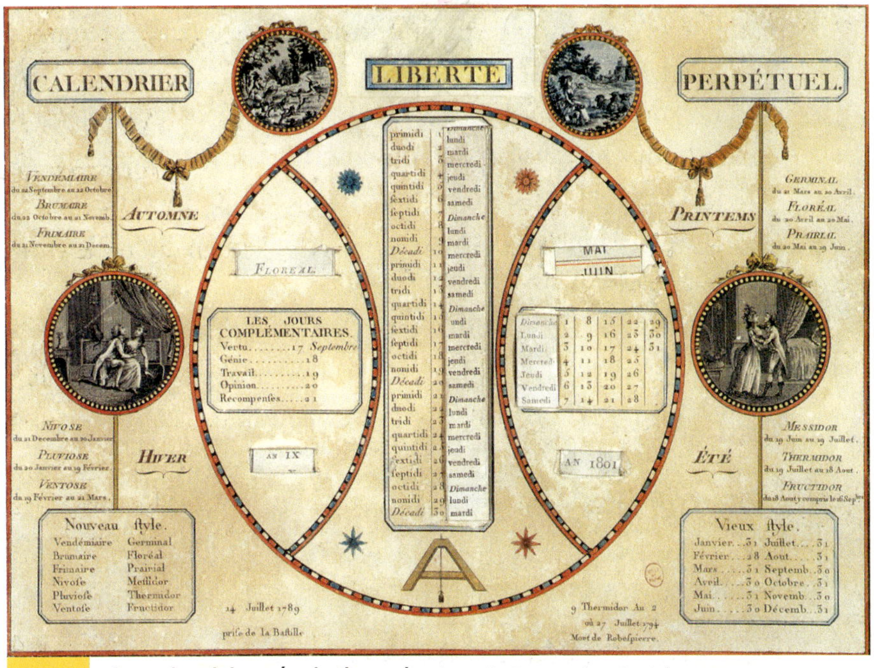

DOC. 9 Le calendrier révolutionnaire (musée Carnavalet, Paris).
Au moment de la proclamation de la Première République, un nouveau calendrier est mis en place.
Le 22 septembre 1792 devient le premier jour de l'an I de la République.
Le poète Fabre d'Églantine baptise les mois de noms nouveaux comme Vendémiaire, Brumaire, Frimaire pour ceux d'automne.
Il déclare : « [...] Nous ne pouvions plus compter les années où les rois nous opprimaient, comme un temps où nous avions vécu [...]. »

4 À quelle date la République est-elle proclamée [Doc. 6] ?
5 Relève les points communs (mots, idées, objets, couleurs...) dans les documents 1, 6, 7 et 8.
6 Pourquoi change-t-on de calendrier [Doc. 9] ?
7 Dis ce que tu comprends des grands changements apportés par la Première République [Doc. 7].

comprendre

1 La chute de la monarchie et la proclamation de la Première République

En avril 1792, la France est en guerre contre les puissances européennes qui craignent les idées révolutionnaires. De très nombreux volontaires s'engagent pour aller combattre et sauver la Révolution. Les Parisiens sont persuadés que le roi fait tout pour que la France perde la guerre. Le 10 août 1792, les sans-culottes prennent d'assaut le palais des Tuileries où loge la famille royale [Doc. 4 p. 124]. La monarchie est renversée.
Une nouvelle assemblée est élue. Le 22 septembre, la République est proclamée. Le pouvoir n'appartient plus à un roi. Le gouvernement est assuré par des représentants élus par le peuple. Le roi est condamné à mort et guillotiné le 21 janvier 1793 [Doc. 5 p. 124].

2 La Terreur

Au printemps 1793, la situation est dramatique. En Vendée, des paysans catholiques et des nobles royalistes prennent les armes pour s'opposer à la Révolution [Doc. 11]. Les armées étrangères se pressent aux frontières de la France.
Des députés, amis de Robespierre [Doc. 10], prennent le pouvoir. Ils sont soutenus par les sans-culottes [Doc. 8 p. 125]. Ils mettent en place la politique de la Terreur : tous ceux qui sont suspectés d'être contre la République sont arrêtés et souvent condamnés à mort par les tribunaux révolutionnaires.
En 1794, la Terreur prend fin avec la chute de Robespierre mais la République, toujours menacée, reste fragile jusqu'en 1799.

DOC. 10 Robespierre.

DOC. 11 Symbole de la Vendée.

Les mots de l'Histoire

- **royaliste** : partisan du pouvoir exercé par un roi.

Histoire des arts

Marat peint par David en héros tragique de la Révolution

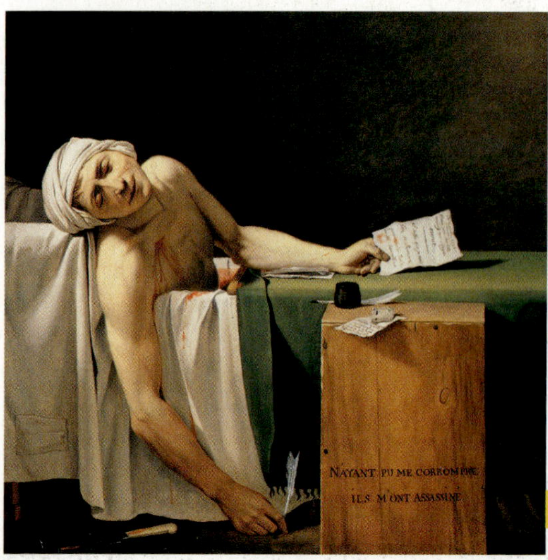

Marat est un farouche défenseur de la République. Il est assassiné par Charlotte Corday en 1793 alors qu'il prenait un bain.
Sur le tableau, Marat, dans sa baignoire, semble flotter dans un espace sombre sans fond. Le sang de la blessure, le poignard, l'opposition du vert et du jaune installent un climat de drame. La lumière éclaire et met en valeur le corps de la victime. Pourtant Marat a le visage d'un homme qui semble dormir. Il sourit. En réalisant ce tableau, David ne respecte pas la réalité. Il peint Marat comme un héros mort pour les idées de la Révolution.

DOC. 12 *La Mort de Marat*, Jacques-Louis David, 1793 (musées royaux des Beaux-Arts de Belgique, Bruxelles).

21 Le Premier Empire : la France de Napoléon Bonaparte

DOC. 1 *Napoléon Ier sur le trône impérial*, peinture de Dominique Ingres, 1806 (huile sur toile : 2,60 m x 1,63 m, musée de l'Armée, Paris).

1. Décris le personnage de Napoléon Ier. Quelle impression te donne-t-il ?
2. Compare ce tableau à celui de Louis XIV p. 109. Relève les ressemblances et les différences.
3. D'après tout ce que tu as appris sur la Révolution française, est-ce surprenant de voir un tel personnage en 1806 ?

DOC. 2 *Le général Bonaparte au pont d'Arcole* (peinture d'Antoine Jean-Gros, 1796, musée du château de Versailles).

Le soldat de la Révolution et de la République

Napoléon Bonaparte est né en Corse en 1769.

Il accueille la Révolution avec enthousiasme. En 1793, il est proche des idées de Robespierre. Il défend Toulon contre les armées anglaises.

En 1795, il combat à Paris une révolte royaliste. Il devient général et se couvre de gloire en Italie.

On le voit ici sur le pont d'Arcole, lors d'une bataille en Italie contre l'armée autrichienne en 1796. Il devient très populaire.

Bonaparte prend le pouvoir

Depuis 1795, la République est fragile. Elle doit faire face à la guerre, le peuple est mécontent, les royalistes s'agitent. Des hommes politiques aident Bonaparte à prendre le pouvoir pour qu'il rétablisse l'ordre. Il s'impose par un coup de force, le 9 novembre 1799 (18 Brumaire du calendrier républicain).

Le général Bonaparte impose une nouvelle constitution qui établit le Consulat. Le gouvernement est partagé entre trois consuls. Bonaparte est le Premier consul.

DOC. 3 *Bonaparte, Premier consul* (peinture de Jean-Auguste-Dominique Ingres, 1804, musée de Liège).

DOC. 4 *Sacre de l'empereur Napoléon et couronnement de l'impératrice Joséphine*
(peinture de Jacques-Louis David, 1807, huile sur toile : 6,29 m x 9,79 m, musée du Louvre, Paris).
Couronné en présence du pape le 2 décembre 1804 dans la cathédrale Notre-Dame de Paris, Bonaparte devient Napoléon Ier, empereur des Français.

DOC. 5 Frise chronologique.

1. Observe les documents 2 à 4. Quelle est leur nature ?
2. Quel personnage est représenté sur ces documents ?
3. Lis les textes. Pourquoi la République fait-elle appel à lui ?
4. Note les différents titres qu'a portés ce personnage.
5. Observe le document 4. Que nous apprend-il sur ce personnage ? À ton avis, comment gouverne-t-il ?
6. Associe chacun des documents à une période de la frise chronologique [Doc. 5].

comprendre

La France de Napoléon Bonaparte

Le général Bonaparte s'est fait remarquer par ses victoires et son génie militaire. Face aux difficultés de la Première République, certains hommes politiques veulent un pouvoir fort pour rétablir l'ordre. Le 9 novembre 1799, Bonaparte prend le pouvoir par un coup de force. Il devient Premier consul. Il est le chef du gouvernement. La République devient le Consulat.

Le Consulat

Bonaparte détient l'essentiel des pouvoirs. Il crée une administration moderne [CHAPITRE 22]. Il fait tout pour ramener la paix à l'intérieur du pays. La plupart des Français sont satisfaits de ce retour à l'ordre.

Le Premier Empire

Le 2 décembre 1804, Bonaparte se fait sacrer empereur en présence du pape [Doc. 4 p. 129]. Il prend le nom de Napoléon Ier. Les Français approuvent. L'Empereur détient tout le pouvoir. La censure est rétablie, la police surveille la population.

Napoléon Ier favorise les progrès dans l'agriculture et l'industrie. Il fait exécuter des grands travaux : routes, ponts, canaux. Il protège les savants.

Les guerres napoléoniennes

L'Empereur étend sa domination en Europe. Entre 1805 et 1809, il remporte d'importantes victoires militaires, comme la célèbre bataille d'Austerlitz. Il répand ainsi en Europe les idées de la Révolution française.

Les souverains d'Europe s'associent pour combattre l'Empereur.

Finalement, le 8 juin 1815, Napoléon Ier est vaincu à Waterloo. Il est déporté par les Anglais à Sainte-Hélène. Il y meurt en 1821. Les guerres napoléoniennes ont causé 1 à 2 millions de morts.

Les mots de l'Histoire

- **censure :** contrôle de la presse et des publications par un gouvernement qui remet en cause la liberté d'expression.

Histoire des arts — Un portrait équestre à la gloire de Bonaparte

Le peintre Jacques-Louis David représente ici le Premier consul franchissant le col du Grand-Saint-Bernard, dans les Alpes, en 1800. Bonaparte apparaît calme et serein sur un cheval qui se cabre sur ses pattes de derrière, au bord d'un précipice. La main désigne le chemin à suivre. Le bras, le cheval, le sol, les montagnes suivent la même diagonale. Tout va vers le haut, comme Bonaparte qui atteint les sommets de la gloire. Son large manteau gonflé par le vent lui donne l'allure d'un général romain. Au premier plan, le nom de Bonaparte est gravé sur les rochers aux côtés de ceux d'Hannibal et de Charlemagne. Ces grands hommes des temps anciens avaient aussi traversé les Alpes avec leur armée. La gloire de Bonaparte est égale à la leur.

DOC. 6 *Bonaparte franchissant le col du Grand-Saint-Bernard* (peinture de Jacques-Louis David, 1800, musée national du château de Malmaison, Rueil Malmaison).

22 La France après la Révolution et l'Empire

Art. 1er. – Les hommes naissent et demeurent libres et égaux en droits. Les distinctions sociales ne peuvent être fondées que sur l'utilité commune.

Art. 2. – Le but de toute association politique est la conservation des droits naturels et imprescriptibles de l'Homme. Ces droits sont la liberté, la propriété, la sûreté, et la résistance à l'oppression.

DOC. 1 **Déclaration des droits de l'homme et du citoyen, le 26 août 1789** (musée Carnavalet, Paris).
Au début de la Révolution française, un texte important, la Déclaration des droits de l'homme et du citoyen, marque un tournant dans la vie des hommes en France.

1. Observe le document 1, lis les deux premiers articles de la déclaration. Pourquoi ce texte est-il très important ?
2. À ton avis, que représente la chaîne brisée tenue par le personnage de gauche ?

comprendre

1 Des changements fondamentaux pour tous les hommes : la liberté et l'égalité

La Révolution française met fin aux privilèges du clergé et de la noblesse.
La Déclaration des droits de l'homme et du citoyen [Doc. 1 p. 131] proclame que la liberté et l'égalité sont les droits fondamentaux, naturels, reconnus à tous les hommes sans distinction.
Le respect de la vie des autres, le droit de propriété sont deux autres points essentiels de la Déclaration du 26 août 1789.
D'autres droits sont proclamés, comme le droit d'échanger des idées, le droit de s'exprimer. La liberté de la presse s'étend.

Tous ces **droits** sont reconnus comme étant **universels**, sans limite dans le temps.
La vie de la société est désormais organisée par un ensemble de lois qui respecte les grands principes de la Déclaration de 1789 : le Code civil (1804). Ces lois sont les mêmes pour tous. Le Code civil a évolué avec le temps. Il est toujours en vigueur en France aujourd'hui.

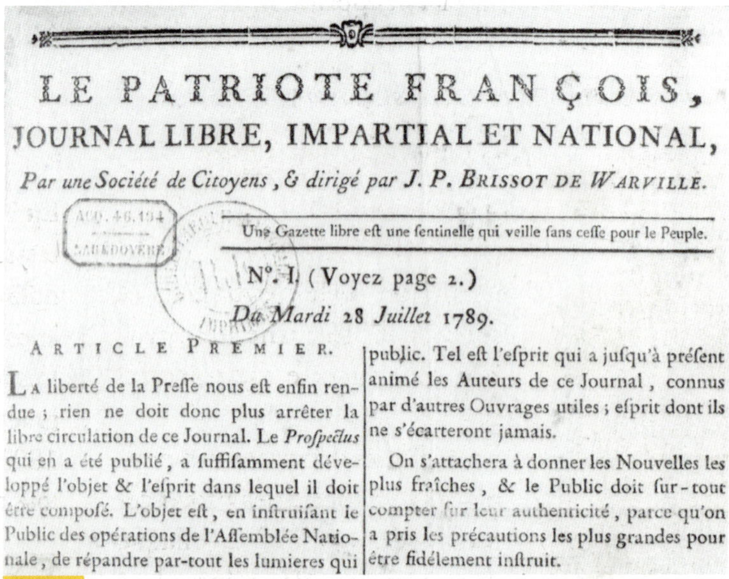

LE PATRIOTE FRANÇOIS,
JOURNAL LIBRE, IMPARTIAL ET NATIONAL,
Par une Société de Citoyens, & dirigé par J. P. Brissot de Warville.

Une Gazette libre eſt une ſentinelle qui veille ſans ceſſe pour le Peuple.

Nº. I. (Voyez page 2.)
Du Mardi 28 Juillet 1789.

ARTICLE PREMIER.

La liberté de la Preſſe nous eſt enfin rendue ; rien ne doit donc plus arrêter la libre circulation de ce Journal. Le *Proſpectus* qui en a été publié, a ſuffiſamment développé l'objet & l'eſprit dans lequel il doit être compoſé. L'objet eſt, en inſtruiſant le Public des opérations de l'Aſſemblée Nationale, de répandre par-tout les lumieres qui public. Tel eſt l'eſprit qui a juſqu'à préſent animé les Auteurs de ce Journal, connus par d'autres Ouvrages utiles ; eſprit dont ils ne s'écarteront jamais.

On s'attachera à donner les Nouvelles les plus fraîches, & le Public doit ſur-tout compter ſur leur authenticité, parce qu'on a pris les précautions les plus grandes pour être fidélement inſtruit.

DOC. 2 Une du journal révolutionnaire *Le Patriote français.*
De nombreux journaux paraissent pendant la Révolution.

2 De nouveaux principes de gouvernement

DOC. 3 **Papier peint aux symboles républicains**
(anonyme, impression à la planche, 1793-1794, musée Carnavalet, Paris).

Pendant la Révolution française, la monarchie absolue est abolie. Les rédacteurs de la Déclaration des droits de l'homme et du citoyen imposent l'idée qu'il faut gouverner dans l'intérêt de tous. Aucun homme ne peut prendre le pouvoir sans l'accord de tous les **citoyens**. Les citoyens de la France forment un seul ensemble : la nation, une et indivisible.
De 1792 à 1799, les Français font l'expérience de la République. Elle reste fragile et ne survit pas à la prise de pouvoir par Napoléon Bonaparte. Il faut attendre les années 1870 pour que la République triomphe en France.

3 Des droits qui ne sont pas toujours respectés

– De nombreux massacres ont été commis en France et en Europe durant la période révolutionnaire et pendant les guerres napoléoniennes.
– La possibilité pour tous les citoyens de voter s'impose difficilement. Les femmes n'ont pas le droit de vote. Pendant longtemps, seuls les plus riches sont autorisés à voter.
– L'esclavage, aboli en 1794, est rétabli par Napoléon en 1802. Il faut attendre 1848 pour qu'il soit définitivement supprimé.

DOC. 4 **Olympe de Gouges (1748-1793)** dénonce le fait que les femmes sont soumises à l'autorité de leur père ou de leur mari et ne peuvent voter. Elle est très connue pour sa *Déclaration des droits de la femme et de la citoyenne* (1792). Elle a été guillotinée en 1795.

4 Une France qui se modernise

DOC. 5 Un préfet sous l'Empire.

Une nouvelle organisation administrative

Dès la fin de la Révolution et sous l'Empire, une administration centrale est mise en place.
En 1790, les départements remplacent les anciennes provinces françaises. À la tête de chaque département, Napoléon place un représentant de l'État : le préfet [Doc. 5]. Il est chargé de l'administration et de l'application les lois.

Des mesures pour le commerce

En 1795, un système de mesures simplifié [Doc. 6], le système décimal, remplace les 700 à 800 mesures utilisées jusqu'alors dans les provinces. Cela facilite le commerce.
Les finances de la France sont mieux contrôlées grâce à la création de la Banque de France en 1800 et d'une nouvelle monnaie, le franc germinal [Doc. 7], qui reste en vigueur jusqu'en 1914.

DOC. 6 **Les nouvelles mesures** (gravure de 1795).
1. Le litre (pour la pinte)
2. Le gramme (pour la livre)
3. Le mètre (pour l'aune)

DOC. 7 Le franc germinal : pièce de 5 francs.

Les mots de l'Histoire

- **citoyens :** ceux qui participent à la vie de la cité, c'est-à-dire à la vie du pays.
- **droits universels :** droits qui concernent tous les êtres humains sans exception.

Je sais maintenant

- À partir de 1789, la **Révolution française met fin à la monarchie absolue et à l'Ancien Régime**. Elle crée une France nouvelle.

  Le **26 août 1789**, par la **Déclaration des droits de l'homme et du citoyen, la liberté** et **l'égalité** deviennent des **droits fondamentaux, universels et pour tous les hommes.**
- Le pouvoir appartient aux **citoyens** qui forment la **nation**. Il ne peut plus, en principe, être dans les mains d'un seul homme. Désormais, les lois sont les mêmes pour tous.

  Pourtant **l'égalité et la liberté ne sont pas vraiment respectées**, comme le montre le sort des esclaves et des femmes au début du 19e siècle.
- Après 1799, les grandes réformes de **Napoléon Bonaparte** continuent de moderniser le pays et la société française.
- À la fin de la Révolution et sous l'Empire, **une administration centrale nouvelle** est mise en place.

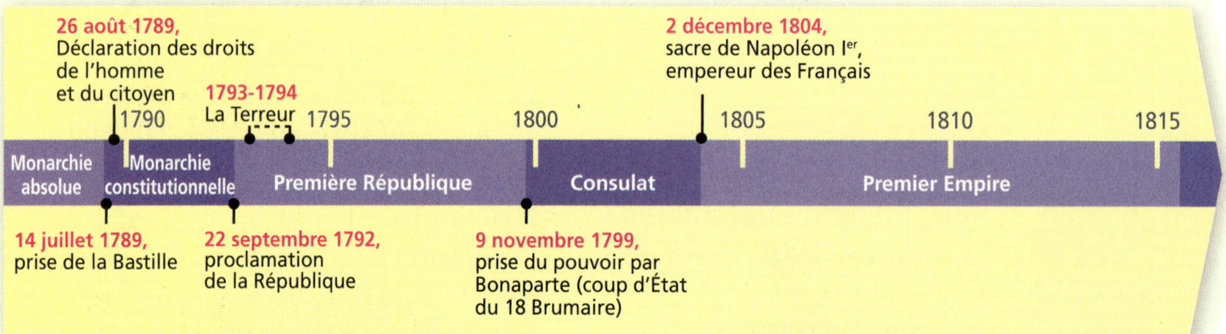

Louis XVI

Robespierre

Bonaparte, Premier consul

Napoléon Ier, empereur des Français

23 La vie politique en France de 1815 à 1875

DOC. 1 **Fête du centenaire de la République** (affiche, collection particulière).

1. Quelle impression te donne cette affiche sur laquelle la République française est représentée sous les traits d'une femme ? Quelle attitude a la femme ?
2. Décris précisément ce que tu vois.
3. À ton avis, qu'a voulu montrer le dessinateur au sujet de la République française ?

DOC. 2 Louis XVIII, roi de France de 1815 à 1824.

DOC. 3 Charles X, roi de France de 1824 à 1830.

DOC. 4 Louis-Philippe, « roi des Français » de 1830 à 1848.

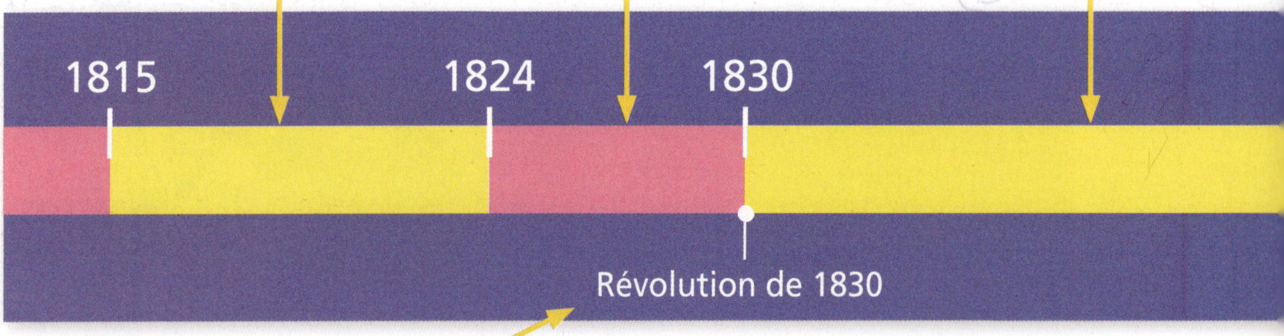

DOC. 8 La révolution de juillet 1830 : les « Trois Glorieuses », rue de Rohan (Hippolyte Lecomte, 1831, musée Carnavalet, Paris).

DOC. 9 La révolution de 1848 : le trône de Louis-Philippe brûlé (Bibliothèque Nationale, Paris).

DOC. 5 Louis Napoléon Bonaparte, président de la République de 1848 à 1851.

DOC. 6 Louis Napoléon Bonaparte, devenu Napoléon III, empereur de 1852 à 1870.

DOC. 7 La proclamation de la République.
Le 4 septembre 1870, la République est proclamée, elle s'installe durablement à partir de 1875.

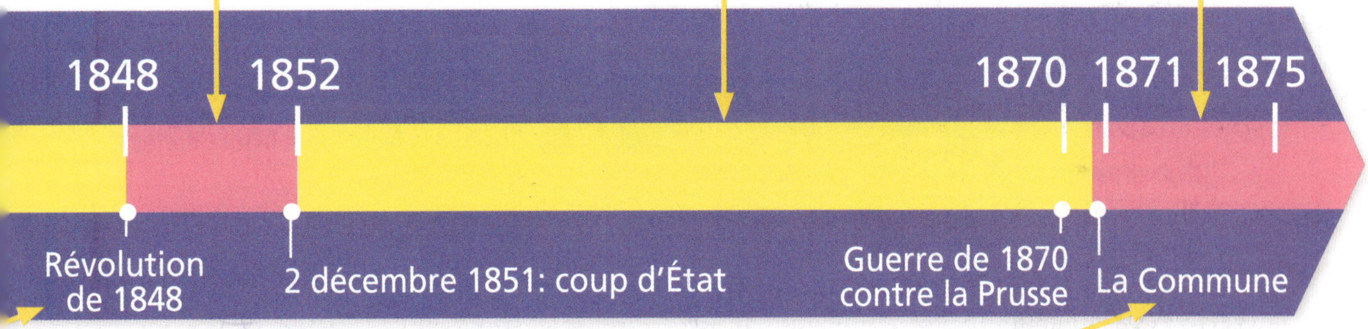

DOC. 10 **Une barricade élevée pendant la Commune de Paris.**
En mars 1871, les Parisiens refusent la capitulation de la France devant la Prusse. C'est la Commune. De mars à mai 1871, ils se soulèvent contre le gouvernement français. De sanglants combats ont lieu.

1. Quels sont les hommes qui gouvernent la France entre 1815 et 1870 ? Donne leur nom et leur titre officiel.
2. Qu'est-ce qui finit par triompher en 1875 ?
3. Relève les événements représentés sur les documents 8 et 9. Contre qui le peuple se révolte-t-il ? Donne les indices qui te permettent de le savoir.
4. En observant la frise, dis ce que ces événements ont provoqué.
5. Quels événements tragiques ont lieu au moment de la naissance de la République en 1870 et 1871 ?

1 Le retour à la monarchie entre 1815 et 1848

Les libertés sont réduites

À partir de 1815, après la chute de l'empire de Napoléon Ier, deux rois [Docs. 2, 3 p. 136], Louis XVIII puis Charles X, frères de Louis XVI, se succèdent au pouvoir. Ils reconnaissent certains droits acquis sous la Révolution et l'Empire, comme l'égalité des Français devant la loi.

Cependant, Charles X cherche à renforcer le pouvoir royal.

Les libertés sont peu à peu réduites, notamment la liberté de la presse. Beaucoup de Français sont indignés.

La révolution de 1830

À Paris, en juillet 1830, la population se révolte [Doc. 8 p. 136] et oblige Charles X à abdiquer, c'est-à-dire à renoncer à son trône. Son cousin Louis-Philippe d'Orléans [Doc. 4 p. 136] devient « roi des Français ». Sous son règne, rien n'est vraiment fait pour donner plus de libertés aux Français.

DOC. 11

Caricature se moquant de l'attitude autoritaire du roi Charles X
(musée Carnavalet, Paris).

Observe la façon dont le roi Charles X est représenté.

2 De la IIe République au Second Empire

Le tournant de 1848

En 1847-1848, une crise économique accentue la misère du peuple. En février 1848, Paris se couvre de barricades. Louis-Philippe abdique. La IIe République est proclamée.

Le président de la République et l'Assemblée législative, qui vote les lois, sont élus au suffrage universel.

En 1848, la IIIe République proclame l'abolition de l'esclavage.

Tout Français est électeur,
Quel bonheur ! moi tailleur,
Toi, doreur, lui, paveur,
Nous v'là z'au rang d'homme,
C'droit qu'est not' sang, qu'est not' chair,
Nous coût' cher, or, mon cher, (*bis*)
Faut savoir c'qu'on nomme.
Sachons bien, (*bis*)
Élire un homme de bien,
Craignons bien, (*bis*)
D' prendre un propre à rien.

DOC. 12

Refrain de la chanson « Le vote universel », 1848.
Tu peux remarquer que, désormais, tout Français, comme dit la chanson, est électeur. Qu'il soit paveur, tailleur, etc., c'est-à-dire quelle que soit sa place dans la société, il peut voter. Pourtant, en 1848, le suffrage universel ne concerne que les hommes qui ont 21 ans révolus.

Le retour à un régime autoritaire

Les Français élisent Louis Napoléon Bonaparte, neveu de Napoléon Ier, président de la République en décembre 1848 [Doc. 5 p. 137]. Le 2 décembre 1851, il organise un coup d'État et met fin à la République. Un an après, le Second Empire est proclamé.

Louis Napoléon, devenu Napoléon III, gouverne d'abord de façon autoritaire. Puis, pour obtenir plus de soutien du peuple, il donne davantage de pouvoir à l'Assemblée législative. Le droit de grève est accordé aux ouvriers en 1864.

DOC. 13 Victor Hugo (1802-1885). Des opposants au Second Empire sont arrêtés ou partent en exil, comme l'écrivain Victor Hugo.

3 La IIIe République

Une naissance difficile

En 1870, la France est en guerre contre la Prusse. Le Second Empire, vaincu, s'effondre. La République est proclamée. Les événements tragiques de la Commune de Paris marquent les débuts de la Troisième République. Les premières années, de 1870 à 1875, la République connaît des difficultés. Elle finit par s'imposer. Désormais, les lois sont votées par les députés. Le président de la République est élu pour 7 ans. La République est un régime qui se maintient jusqu'en 1940.

Les libertés fondamentales sont renforcées

– La loi de 1881 garantit la liberté de la presse.
– À partir de 1884, les travailleurs peuvent s'associer pour défendre leurs intérêts ; c'est la liberté syndicale.
– La loi de 1901 permet de fonder des associations et de former des partis politiques.

DOC. 14 Adolphe Thiers, premier président de la IIIe République.

Les mots de l'Histoire

- **association :** ensemble de personnes qui se réunissent et s'organisent pour défendre des idées, des intérêts.
- **coup d'État :** conquête du pouvoir par la force.
- **parti politique :** groupe organisé de personnes qui défendent les mêmes idées sur la façon de gouverner un pays.
- **Prusse :** royaume du nord de l'Europe qui, avec les États allemands, donne naissance à l'Empire allemand en 1871.

Je sais maintenant

- **De nombreux bouleversements politiques en France entre 1815 et 1875**

  – Entre 1815 et 1848 : trois rois se succèdent à la tête de la France. Ils ne rétablissent pas la monarchie absolue mais gouvernent de façon de plus en plus autoritaire.

  – La révolution de 1848 oblige le dernier roi à abandonner le trône. Après la IIe République et le Second Empire, la **République** finit par triompher entre 1870 et 1875.

- **L'affirmation des libertés**

  Tout au long du 19e siècle, et surtout sous la IIIe République, les libertés essentielles sont reconnues en France :

  – la **liberté de s'exprimer** avec la liberté de la presse ;

  – le **droit de grève** ;

  – le **droit de s'associer**.

Histoire des arts

Delacroix, peintre inspiré par la politique

En 1830, à Paris, des émeutes sanglantes obligent Charles X à abdiquer. Eugène Delacroix, inspiré par ces événements, peint ce tableau avec passion. Le doré, le jaune, le bleu, le blanc, le rouge créent une lumière vive. Cette lumière attire notre regard sur la femme au corsage déchiré qui marche en tenant fièrement le drapeau tricolore. Le peuple la suit et continue le combat malgré les morts. Les émeutiers se battent pour la liberté. Victor Hugo s'est inspiré du personnage de l'enfant situé à droite de la femme quand on regarde le tableau, pour créer le personnage de Gavroche dans son grand roman paru en 1862 : *Les Misérables*.

DOC. 15 *La Liberté guidant le peuple*, Eugène Delacroix, 1830 (musée du Louvre, Paris).

24 La République s'enracine en France

DOC. 1 **Paris célèbre la République, tableau de Claude Monet peint alors que prenait fin l'Exposition universelle de 1878** (musée d'Orsay, Paris).

1. Décris ce que tu vois dans ce tableau.
2. Quelle impression te donne-t-il ?
3. Que se passe-t-il à Paris ce jour-là ?

> […] Cette fête est une fête populaire. Voyez la joie qui rayonne sur tous les visages, écoutez la rumeur qui sort de toutes les bouches. C'est plus qu'une fête populaire, c'est une fête nationale. Regardez ces bannières, entendez ces acclamations. C'est plus qu'une fête nationale, c'est une fête universelle. […]
>
> Le 14 Juillet, c'est la fête humaine. […]
>
> Oui, la chute de cette Bastille, c'était la chute de toutes les Bastilles. […]
>
> Le 14 Juillet a marqué la fin de tous les esclavages.
>
> Victor Hugo, Troisième discours au Sénat pour l'amnistie, séance du 3 juillet 1880.

DOC. 2 La fête nationale vue par Victor Hugo.

DOC. 3 ***La République triomphante préside à la grande fête nationale du 14 juillet 1880.***
(Centre historique des Archives nationales, Paris).
À Paris, le 14 juillet 1880, des drapeaux sont distribués à l'armée.

Lis le texte de Victor Hugo [Doc. 2] et observe attentivement le document 3.

1. Relève dans le texte la phrase qui évoque un événement de la Révolution de 1789 ; que remarques-tu si tu regardes l'affiche ?
2. Quelles couleurs dominent dans les documents 1 et 3 ? Que représentent-elles ?
3. Comment est figurée la République sur le document 3 ? Qui sont les autres personnages ?
4. Quelles impressions le peintre a-t-il voulu donner de la fête de 1878 à Paris [Doc. 1 p. 141] ? Qu'ont voulu montrer le poète et le dessinateur de l'affiche au sujet de la fête du 14 juillet [Docs. 2 et 3] ? Relève ce qui rapproche ces trois documents.

DOC. 4 La République,
terre cuite de J. Chinard, 1794.

DOC. 6 Le drapeau français.

DOC. 7 Un timbre français émis en 2008.

DOC. 8 Le logo de la République française.

DOC. 5 Un buste récent de Marianne (sculpté par Marie-Pierre Deville-Chabrolle).

DOC. 9 La devise de la République au fronton d'une mairie.

5 Décris les documents 4, 5 et 7.
Trouve leurs points communs.

6 Retrouve dans les documents 8 et 9 la devise de la République française.
À quel grand texte datant de l'année 1789 les mots de la devise te font-ils penser ?

1 La République française s'enracine.

Après 1879, la IIIe République s'enracine. Elle s'installe durablement jusqu'en 1940. L'État français est un État laïc. La loi de 1905 affirme la séparation des Églises et de l'État : tout citoyen peut pratiquer la religion de son choix. L'État ne soutient aucune religion. Il ne verse plus d'argent aux Églises.

2 Des symboles hérités de la Révolution

Un drapeau, une fête nationale, un hymne

– Le drapeau français [Doc. 6 p. 143] flotte sur les bâtiments publics. Apparu au début de la Révolution française, il réunit le blanc, couleur du roi, avec le bleu et le rouge, couleurs de la ville de Paris.

– Le 14 Juillet commémore la prise de la Bastille. C'est un moment solennel et joyeux pour les Français.

– Un chant guerrier est composé pendant la Révolution par Joseph Rouget de Lisle. Ce chant devient populaire quand les défenseurs de la Révolution venus de Marseille s'en emparent. Il prend alors le nom d'hymne de Marseille, puis de *Marseillaise*. En 1879, les Républicains en font l'hymne national français.

DOC. 10 Première partition illustrée.

Allons enfants de la patrie,
Le jour de gloire est arrivé !
Contre nous de la tyrannie
L'étendard sanglant est levé ! *(bis)*
Entendez-vous dans les campagnes
Mugir ces féroces soldats ?
Ils viennent jusque dans nos bras
Égorger nos fils, nos compagnes !

Aux armes, citoyens,
Formez vos bataillons !
Marchons, marchons !
Qu'un sang impur
Abreuve nos sillons !

DOC. 11 Début de *La Marseillaise*.

Une figure, une devise

– Marianne personnifie la France sous les traits d'une femme. Elle est coiffée du bonnet phrygien. Elle représente la liberté, droit fondamental établi dans la Déclaration des droits de l'homme et du citoyen. Les Français, devenus citoyens, élisent des représentants qui prennent les décisions concernant le pays.

– La France est une nation. Elle a pour devise : Liberté, Égalité, Fraternité. Ce sont les grands principes établis pendant la Révolution.

3 L'école de la République

La naissance de l'école publique

Tout au long du 19e siècle, de plus en plus d'enfants vont à l'école mais beaucoup encore travaillent dans les champs et dans les usines. Entre 1881 et 1882, sous la direction de Jules Ferry [Doc. 12], ministre de l'Instruction publique, d'importantes lois sont votées.

– L'école devient laïque, ce qui veut dire que le catéchisme ne peut plus y être enseigné. Il est remplacé par l'instruction civique et morale [Doc. 13].

– L'école est publique : les instituteurs sont recrutés par l'État. Ce sont des laïcs. Ils n'appartiennent pas au clergé.

– L'école est obligatoire de 6 à 13 ans.

– L'école est gratuite : les parents n'ont pas à payer pour que leurs enfants aillent à l'école.

L'instruction des enfants : une nécessité

Les Républicains veulent que l'école publique forme des hommes fidèles à la République et à la patrie [Docs. 14 et 15]. Tous les enfants doivent être instruits pour devenir des citoyens capables de décider librement. Dans les manuels scolaires de la fin du 19e siècle, la République est présentée comme une source de progrès et de bienfaits pour les Français.

DOC. 12 Jules ferry (1832-1893).

DOC. 13 Une école primaire en 1900 (à Danvillers, Meuse). À l'époque, à l'école, filles et garçons étaient séparés.

Observe bien comment sont vêtus les élèves, ce qu'ils sont en train de faire. Au tableau, une phrase est écrite : elle sert à la leçon de morale du jour.

> *Vive la France. Aimer la France. Servir la France. Souffrir pour elle, mourir pour elle.*
> Montrez que ces quatre phrases résument nos devoirs envers la patrie.
>
> A. Pierre et A. Minet, *1 300 sujets de rédaction pour la préparation du certificat d'études*, 1892.

DOC. 14 Un sujet de rédaction proposé aux élèves de l'école primaire à la fin du 19e siècle.

DOC. 15 Un billet de satisfaction distribué à l'école primaire en 1900.

Les mots de l'Histoire

- **État :** autorité qui s'exerce sur l'ensemble d'un peuple et d'un pays.
- **hymne :** chant officiel à la gloire d'une grande idée, d'un grand sentiment.
- **nation :** pays dans lequel les habitants ont décidé de vivre ensemble en respectant et défendant les libertés.

Je sais maintenant

- Après 1879, la **République se consolide en France.** Les Français reconnaissent la République dans ses **symboles** :
  – le drapeau bleu, blanc, rouge ;
  – la figure de Marianne ;
  – la fête nationale du 14 Juillet ;
  – *La Marseillaise* ;
  – la devise « Liberté, Égalité, Fraternité ».
- Tous ces symboles, apparus pendant la Révolution française, font aussi référence à la Déclaration des droits de l'homme et du citoyen du 26 août 1789.
- Les défenseurs de la République attachent beaucoup d'importance à **l'école.** Ils veulent que les Français soient des hommes instruits, des citoyens libres et des patriotes.

  Par les lois de 1881-1882, **les Républicains rendent l'école primaire laïque, gratuite et obligatoire.**

Installation et consolidation de la République en France

1870 – 4 septembre, proclamation de la République

1879 – *La Marseillaise* devient l'hymne national français.

1880 – Le 14 juillet devient fête nationale en France.

1881-1882 – Jules Ferry instaure l'école laïque, gratuite et obligatoire.

Histoire des arts

Une statue colossale pour la liberté

La statue de la Liberté « éclairant le monde » est une œuvre gigantesque : elle mesure 46,5 m de haut. C'est une grande prouesse technique. Cette statue creuse est constituée de fines plaques de cuivre repoussées sur une carcasse en acier. Elle a été conçue à Paris par le sculpteur français Frédéric Bartholdi, en collaboration avec l'ingénieur français Gustave Eiffel qui en a exécuté la charpente. La France l'offre à la République des États-Unis d'Amérique en 1886. Les deux pays défendent des idées fortes : la liberté, la paix, les droits de l'homme.
La statue, installée sur une île à l'entrée du port de New York, regarde vers l'Europe. Des millions d'immigrants l'ont découverte en arrivant aux États-Unis par bateau.

DOC. 16
La statue de la Liberté (New York).

25 L'invention du chemin de fer

DOC. 1 *La Gare Saint-Lazare*, **Claude Monet, 1877,** musée d'Orsay, Paris (huile sur toile, 75,5 cm x 104 cm).

1. Décris précisément ce tableau. Qu'est-ce qui te frappe ?
2. À ton avis, pourquoi, à cette époque, un peintre s'est-il intéressé à ce sujet ?

DOC. 2 *Pluie, vapeur et vitesse,* **Joseph Turner, 1844,**
(National Gallery, Londres, Angleterre, huile sur toile : 91 cm x 122 cm).

À midi, toute cette foule, qu'on peut bien évaluer à soixante mille personnes, s'est portée vers la porte Guillaume et le débarcadère du chemin de fer. La décoration qui embrasait tout cet espace était éblouissante. Dans l'intérieur de la gare, un autel avait été élevé pour la cérémonie…

À trois heures moins le quart, un coup de canon a retenti. C'était le convoi. Il se composait d'un wagon d'honneur et de trois ou quatre autres wagons qui renfermaient quelques invités. Arrivé en face de l'autel, le président est descendu.

Extrait du compte rendu publié par l'Union bourguignonne du 4 juin 1851.

DOC. 3 La première arrivée d'un train.

DOC. 4 Affiche publicitaire de la Compagnie internationale des wagons-lits et des grands express européens en 1890.

DOC. 5 Le spectacle du train, image d'Épinal, 1830.

Je plains les malheureux voyageurs transportés brusquement de la température extérieure dans l'atmosphère glaciale des tunnels. On rencontrera dans les tunnels une température de 8° en venant d'en subir une de 40 à 45°… J'affirme sans hésiter que, dans ce passage subit, les personnes sujettes à la transpiration seront incommodées, qu'elles subiront des fluxions de poitrine, des pleurésies, des catarrhes. […] Il est possible qu'une locomotive éclate. […] Dans les tunnels, vous auriez à craindre que la voûte ne s'éboulât sur vos têtes.

François Arago à la Chambre des députés, 1838.

DOC. 6

Dans le vaste hangar noir de charbon, et que de hautes fenêtres poussiéreuses éclairaient, parmi les autres machines au repos, celle de Jacques se trouvait déjà en tête d'une voie, destinée à partir la première. Un chauffeur du dépôt venait de charger le foyer, des escarbilles rouges tombaient dessous, dans la fosse à piquer le feu. C'était une de ces machines d'express, à deux essieux couplés, d'une élégance fine et géante, avec ses deux grandes roues légères réunies par des bras d'acier, son poitrail large, ses reins allongés et puissants…

Émile Zola, *La Bête humaine*, 1890.

DOC. 7

1. Observe attentivement les documents et lis les textes de cette double page.
2. Donne la nature et la date de chaque document. Trouve leur point commun.
3. Indique, pour chaque document, ce que tu en comprends, ce qu'il veut montrer.

comprendre

1 Quand et comment est apparu le train ?

Tout au long du 18e siècle, de nombreuses inventions sont à l'origine de progrès techniques.
En 1769, l'Écossais James Watt met au point la machine à vapeur. Elle permet de construire des machines puissantes dans les domaines de l'**industrie textile**, de la **métallurgie** et de la **sidérurgie**.
La machine à vapeur fait également fonctionner les locomotives des trains. Les trains commencent à circuler sur des rails à partir de 1808 ; on parle alors de chemins de fer.
Les chemins de fer servent d'abord dans les mines de charbon.

DOC. 8 Un convoi de wagons chargés de charbon, traîné par un remorqueur à vapeur (19e siècle. Bibliothèque Nationale, Paris).

2 Pourquoi la vapeur transforme-t-elle la vie des populations ?

Le train et le bateau à vapeur favorisent les échanges.

À partir de 1850, les chemins de fer et les bateaux à vapeur jouent un rôle très important :
– ils permettent de relier rapidement les régions les unes aux autres, les pays entre eux ;
– ils favorisent les échanges de marchandises, le déplacement des personnes.
Le train et le bateau à vapeur offrent la possibilité de voyager plus facilement, entre la France et l'Angleterre par exemple [Doc. 4 p. 148].

Le train marque les esprits.

Le train est un phénomène complètement nouveau. Jamais auparavant on aurait cru possible de voyager ainsi, et aussi vite. La puissance et l'efficacité des machines impressionnent les populations [Docs. 3 p. 148 et 6 p. 149] et inspirent les peintres [Docs. 1 p. 147 et 2 p. 148], les écrivains [Doc. 7 p. 149].

DOC. 9 La première locomotive à vapeur à son arrivée à Berne (Suisse).

3 Quels aménagements ont été nécessaires ?

En France, à partir de 1850, un important réseau ferroviaire se met en place. Les voies ferrées sillonnent le pays, de nombreuses gares sont construites. Le réseau ferroviaire français dépend alors de plusieurs compagnies, dont la Compagnie PLM (Paris-Lyon-Méditerranée) créée en 1857.

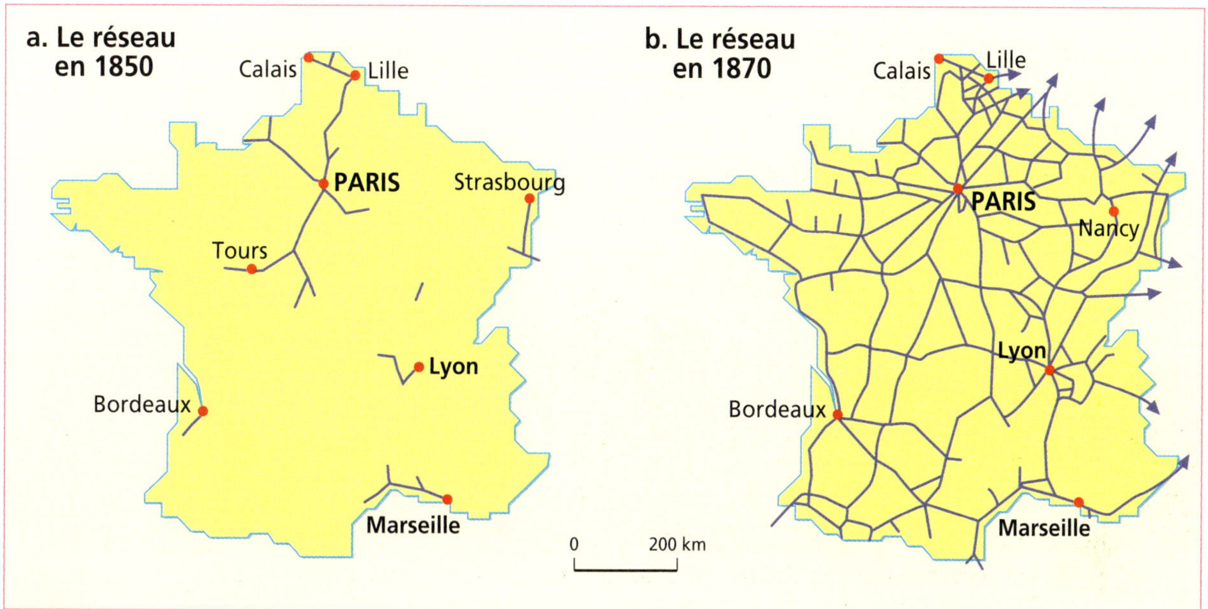

DOC. 10 L'essor des chemins de fer en France (1850-1870).

1. Que remarques-tu en comparant ces deux cartes ?
2. Quelles sont les principales villes reliées par le chemin de fer en France en 1870 ?

4 Comment a-t-on fabriqué tout cela ?

Les chemins de fer nécessitent la fabrication de rails, de ponts [Doc. 11], de gares.
À Paris, la gare Saint-Lazare, construite entre 1886 et 1889 autour de la place de l'Europe, a été un véritable laboratoire dans lequel on a expérimenté les techniques les plus nouvelles. Les rails sont d'abord en fer, puis en acier, plus résistant.
On utilise le fer, le verre et l'acier pour la construction des grandes gares.

DOC. 11 *Le Pont de l'Europe*, Gustave Caillebotte, 1876 (collection privée).

Les mots de l'Histoire

- **industrie textile :** fabrication de tissus en grande quantité grâce à des machines.
- **métallurgie :** fabrication des métaux.
- **sidérurgie :** fabrication du fer, de la fonte, de l'acier.

Je sais maintenant

L'invention et le perfectionnement de la **machine à vapeur** entraînent d'importants bouleversements dans des pays comme la France et l'Angleterre.

- L'utilisation de la **vapeur** et du **charbon** permet d'actionner des machines puissantes et de **développer les transports.**
- À partir de 1850, un **important réseau de voies ferrées** couvre ces pays.
- Les bateaux à vapeur rendent plus faciles les longs trajets.
- L'essor des transports favorise la **circulation des personnes et des marchandises.**
- Toutes ces transformations suscitent tout à la fois **admiration** et **inquiétude.**

Cette époque de grands bouleversements a inspiré les peintres et les écrivains.

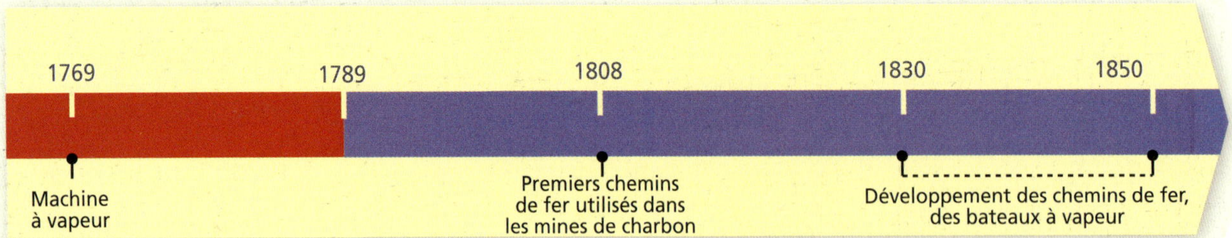

Histoire des arts

Le cinéma, un art du monde en mouvement

Voici les deux images, ou prises de vue, extraites du film noir et blanc *L'Arrivée d'un train à La Ciotat*. Ce film dure 50 secondes.

Sur la première image, le regard porte loin. Sur la deuxième, la locomotive remplit tout le cadre. Les rails du chemin de fer tracent une diagonale qui sépare l'espace en deux zones. La zone noire, en haut à gauche, contraste avec la lumière, à droite de l'image. Cette prise de vue renforce l'impression qu'ont eue les premiers spectateurs en voyant le film : le train semblait s'avancer sur eux.

Tourné par Auguste et Louis Lumière en 1895, ce film est présenté pour la première fois au public en 1896 et permet de voir le monde en mouvement. Il montre aussi les bouleversements que les progrès techniques et le train ont amenés dans la vie des hommes au 19e siècle.

DOC. 12 *L'Arrivée d'un train à La Ciotat*, Louis Lumière, été 1897 (cat. Lumière N°653).

26 L'essor industriel et scientifique au 19e siècle

DOC. 1 *Le marteau-pilon*, tableau de Joseph-Fortuné Layraud, 1889 (Écomusée, Le Creusot).

Voici l'une des merveilles de l'industrie. C'est ce qu'on appelle le marteau-pilon à vapeur, qui a été fabriqué et employé pour la première fois dans l'usine du Creusot où nous sommes. Ce marteau pèse de 3 000 à 5 000 kilogrammes : tu te figures la violence des coups qu'il peut donner…

G. Bruno, *Le Tour de France par deux enfants*, Belin, 1877.

1. Essaie de comprendre l'activité des hommes autour du marteau-pilon.
2. Comment imagines-tu les conditions de travail des ouvriers de cette usine ?

DOC. 2 Un atelier au 19e siècle.

DOC. 3 Une usine de tissage en 1884 (Bibliothèque des Arts Décoratifs, Paris).

Dans les tout débuts de l'industrie cotonnière, toutes les opérations s'effectuaient sous le toit de la maison du tisserand. Dans une deuxième période, avec l'aménagement des techniques, la pratique était de fabriquer les fils en usine et de les tisser à domicile. À l'heure actuelle, toutes les opérations, qui mettent en œuvre des moyens beaucoup plus vastes et complexes, s'effectuent dans un bâtiment unique. Ces vastes bâtiments en brique, qui s'élèvent jusqu'à 20 ou 25 mètres, effectuent aujourd'hui des travaux dont se chargeaient autrefois des villages entiers. Une seule usine mue[1] par la vapeur suffit à sortir le même métrage pour lequel il fallait autrefois la main d'œuvre de toute une région.

H. Gueston, *Histoire de la manufacture du coton*, 1823.

1. actionnée

DOC. 4 L'évolution des techniques dans l'industrie textile.

DOC. 5 **Les puits Saint-Pierre et Saint-Paul du Creusot** (encre et gouache sur papier de Ignace-François Bonhomme, 1866).

M. Gertal, marchand qui accompagne André et Julien, leur fait visiter Le Creusot.

– Il y a trois grandes usines distinctes dans l'établissement du Creusot : fonderie, ateliers de construction et mines ; mais voyez, ajouta M. Gertal montrant des voies ferrées sur lesquelles passaient des locomotives et des wagons pleins de houille[1], chacune des parties de l'usine est reliée à l'autre par des chemins de fer ; c'est un va-et-vient perpétuel.

– Mais, dit Julien, c'est comme une ville, cette usine-là. Quel grand bruit cela fait ! Et puis tous ces mille feux qui passent devant les yeux, cela éblouit. Un peu plus, on aurait grand'peur. [...]

– En face de toi, ces hautes tours de quinze à vingt mètres : ce sont les hauts fourneaux que nous voyons briller la nuit comme des brasiers. Il y en a une quinzaine au Creusot. Une fois allumés, on y entretient jour et nuit sans discontinuer un feu d'enfer.

G. Bruno, *Le Tour de France par deux enfants*, 1877, Belin.

1. charbon

DOC. 6 La visite du Creusot par deux enfants.

1 Compare l'intérieur de l'atelier [Doc. 2] à celui de l'usine de tissage [Doc. 3]. Quelles différences notes-tu ?

2 Les documents 3 et 4 portent sur les transformations qui ont lieu dans l'industrie textile. Quels sont ces changements ?

3 Les documents 5 et 6 décrivent les usines qui s'installent au Creusot.

a. Relève [Doc. 5] les éléments du paysage, la taille et l'allure des bâtiments. Quelle impression se dégage ?

b. Le texte 6 donne-t-il la même impression ? Quels mots le disent ?

4 Essaie de résumer les principales transformations qui touchent l'industrie au 19e siècle.

comprendre

1 Quels progrès scientifiques et techniques le 19e siècle connaît-il ?

Au 19e siècle, les sciences et les techniques font des progrès considérables.
Louis Pasteur vaccine pour la première fois un enfant contre la rage. Ses travaux ouvrent la voie aux recherches sur les germes et les virus. Marie Curie, une scientifique d'origine polonaise, mariée au savant Pierre Curie, découvre le radium et les propriétés de la radioactivité.
On invente le télégraphe, le téléphone, l'ampoule électrique. Le cinéma, la photographie en couleur voient le jour.

DOC. 7 Louis Pasteur.

2 Comment le monde industriel se transforme-t-il ?

Les usines, les machines

De grandes usines se construisent dans les industries du textile, du fer et de l'acier. Pour fabriquer en quantité des produits bon marché, ces usines utilisent de nombreuses machines actionnées par la vapeur. Elles emploient un grand nombre d'ouvriers qui doivent travailler vite ; elles s'installent là où se trouvent les matières premières comme le charbon au Creusot. Le chemin de fer [CHAPITRE 25] permet de faire venir les matières premières et de vendre facilement les produits fabriqués.

Les pays concernés

Cette « révolution industrielle » a d'abord lieu en Angleterre, puis touche les autres pays d'Europe. La France, pays rural, se transforme lentement. Jusqu'à la fin du siècle, les nouvelles usines côtoient les ateliers [Doc. 2 p. 154]. Dans les villes comme à la campagne, le travail à domicile et l'artisanat se maintiennent.

DOC. 8 Marie Curie dans son laboratoire en 1925.

3 Comment la société se transforme-t-elle ?

Les ouvriers

– Pour se développer, l'industrie a besoin de main d'œuvre. De nombreux paysans quittent les champs pour gagner les villes industrielles. Des immigrés viennent travailler dans les mines et les usines de France.

– Dans les usines, la vie des ouvriers est difficile : 12 à 15 heures de travail, parfois davantage, dans des locaux bruyants, mal aérés et mal chauffés. Il n'y a ni congés ni jours fériés. Les salaires sont bas et ne permettent pas de se soigner en cas de maladie. Le chômage est une menace permanente. Femmes et enfants doivent souvent travailler pour faire vivre la famille. Les logements sont étroits et sans hygiène.

– De plus en plus nombreux dans les villes, les ouvriers prennent conscience de leur force. Ils s'organisent et se regroupent pour créer des syndicats. Les ouvriers défendent leurs droits, protestent contre la misère et réclament de meilleures conditions de travail. Des lois améliorent petit à petit leur vie.

Dans les mines de charbon ou de fer travaillent des enfants de quatre, cinq, sept ans ; la majorité toutefois a plus de huit ans. Ils sont employés à porter les matériaux extraits jusqu'aux galeries. Le transport du charbon et du fer est un travail très dur, car il faut déplacer ces matériaux dans d'assez grandes bennes sans roues, sur le sol inégal des galeries, souvent sur de la terre humide ou dans l'eau, et par des passages qui sont parfois si étroits que les travailleurs sont obligés d'aller à quatre pattes. Pour ce travail fatigant, on prend par conséquent des enfants plus âgés et de jeunes adolescentes.

Il n'est pas rare que les enfants, en arrivant chez eux, se jettent sur le carrelage devant le foyer et s'endorment aussitôt, qu'ils soient incapables de prendre aucune nourriture et que leurs parents soient obligés de les laver endormis et de les mettre au lit.

D'après Friedrich Engels,
La situation de la classe ouvrière en Angleterre, 1845.

DOC. 9 Le travail des enfants dans les mines.

DOC. 10 Mines de Bruay-en-Artois (Pas-de-Calais).

Relève dans le texte les éléments qui montrent la condition des enfants.

La bourgeoisie

Pour construire les usines, il faut disposer d'énormes sommes d'argent. De grandes entreprises se créent. Elles empruntent les **capitaux** nécessaires auprès des banques ou de petits **épargnants**. Des banques nouvelles – le Crédit lyonnais, la Société générale – se développent. La bourgeoisie, constituée de grands industriels, de banquiers, de marchands, de petits épargnants, s'enrichit avec la révolution industrielle.

Compare les enfants de cette famille aux enfants montrés sur le document 10.

DOC. 11 Une famille de banquiers au 19e siècle.

Les mots de l'Histoire

- **atelier :** petite entreprise souvent familiale peu mécanisée.
- **capitaux :** sommes nécessaires pour construire des usines, acheter des machines.
- **épargnants :** ceux qui économisent de l'argent.
- **syndicats :** associations de personnes exerçant le même métier, créées pour défendre ensemble leurs intérêts.

Je sais maintenant

Au 19e siècle :

- Les sciences et les techniques font de grands progrès. De grands savants comme **Marie Curie et Louis Pasteur** permettent de mieux connaître la matière et l'origine des maladies.
- **La façon de produire et de vendre change.**
  – De **grandes usines** se développent à côté des ateliers.
  – Les produits sont fabriqués en grande quantité grâce aux nombreuses **machines actionnées par la vapeur.**
  – Les produits sont expédiés et vendus partout grâce aux **chemins de fer** et aux **bateaux à vapeur.**
- **La société se transforme.**
  – La **bourgeoisie**, composée de grands patrons d'usines, de banquiers, de petits épargnants, **s'enrichit.**
  – Les **ouvriers** ont des **conditions de travail et de vie difficiles.** Ils se regroupent pour améliorer leur sort.

Les historiens ont donné le nom de **révolution industrielle** à ces transformations qui touchent d'abord l'Angleterre puis plus lentement la France.

Histoire des arts

Le Familistère de Guise, une cité contruite pour les ouvriers

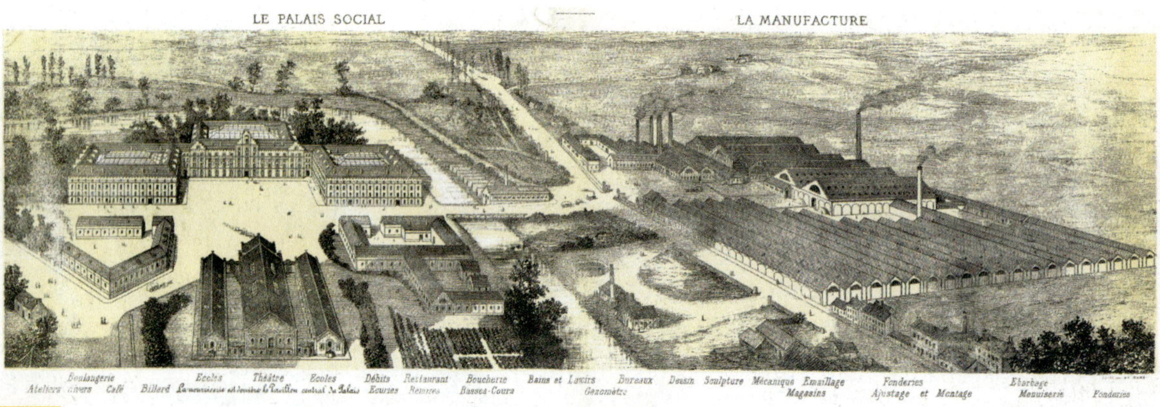

DOC. 12 Familistère de Guise construit par J.-B. A. Godin à partir de 1859.

Des industriels ou des architectes ont cherché à réaliser la cité idéale. Au 19e siècle, le chef d'entreprise Godin veut mettre « la demeure de l'ouvrier dans un palais ». Il fait construire un ensemble de 500 logements modernes pour ses 1 800 ouvriers. Les logements sont proches de l'usine afin d'éviter aux ouvriers un long trajet après le travail [Doc. 12]. À proximité, on trouve des magasins, une école, un théâtre, une piscine, une bibliothèque. Dans les lieux d'habitation, des passerelles, des cours intérieures permettent les déplacements et les rencontres entre les ouvriers [Doc. 13]. Godin n'accepte pas que le progrès crée la misère.

DOC. 13 Vue des logements du Familistère de Guise (carte postale du début du 20e siècle).

27 La France et ses colonies

DOC. 1 ***Planisphère de l'empire colonial français*** (dessin de Jacques Touchet,1931, collection privée).
La France occupe des territoires appelés « colonies » (en marron sur la carte).

1. Repère la France sur la carte.
2. Sur quels continents la France a-t-elle des colonies ?
3. Où la France a-t-elle le plus de colonies ?

DOC. 2 **Dans les rues de Tombouctou, au Soudan, en 1894** (G. Dasher, vers 1900).

1. Décris les personnages et les bâtiments que tu vois sur ce dessin.
2. Quel drapeau est planté par un des personnages ? D'après toi, que signifie cet acte ?
3. L'ancien Soudan français s'appelle aujourd'hui le Mali. Recherche ce pays sur le planisphère à la fin de ton livre.
4. Quel lien peux-tu faire entre ce dessin et celui de la page précédente ?

Des indigènes, les Kanaks, originaires de Nouvelle-Calédonie, embarquent le 15 janvier 1931 sur un paquebot, pour être présentés à l'Exposition coloniale qui a lieu la même année à Vincennes, près de Paris.

Nous avons longé la Seine en camion, et on nous a parqués derrière des grilles, dans un village kanak reconstitué au milieu du zoo de Vincennes, entre la fosse aux lions et le marigot des crocodiles [...].

Au cours des jours qui ont suivi, des hommes sont venus nous dresser, comme si nous étions des animaux sauvages. Il fallait faire du feu dans des huttes mal conçues dont le toit laissait passer l'eau qui ne cessait de tomber. Nous devions creuser d'énormes troncs d'arbres, plus durs que la pierre, pour construire des pirogues tandis que les femmes étaient obligées de danser le pilou-pilou à heures fixes.

Didier Daeninckx, *Cannibale*, Verdier, 1998.

DOC. 3 **Des Kanaks en France, extrait du roman historique *Cannibale*.**

DOC. 4 **Une Soudanaise** (originaire de l'ancien Soudan français, aujourd'hui Mali) **assise, entourée par des visiteurs** (section de l'Afrique Occidentale française, Exposition coloniale internationale de 1931 à Paris).

5. Où est située la Nouvelle-Calédonie ? Recherche sur le planisphère situé à la fin de ton livre.
6. À quelle époque se passe le récit [Doc. 3] ? À quelle occasion les Kanaks viennent-ils en France ? Comment sont-ils traités ?
7. Observe bien le document 4. Quelles attitudes ont les hommes qui regardent la femme assise ?
8. D'après toi et ce que tu as compris du texte [Doc. 3], qui est la femme assise ? Que penses-tu de son regard ?

DOC. 5 Une plantation de bananes en Guinée, 1920.

LA FRANCE ET L'UNION FRANCAISE

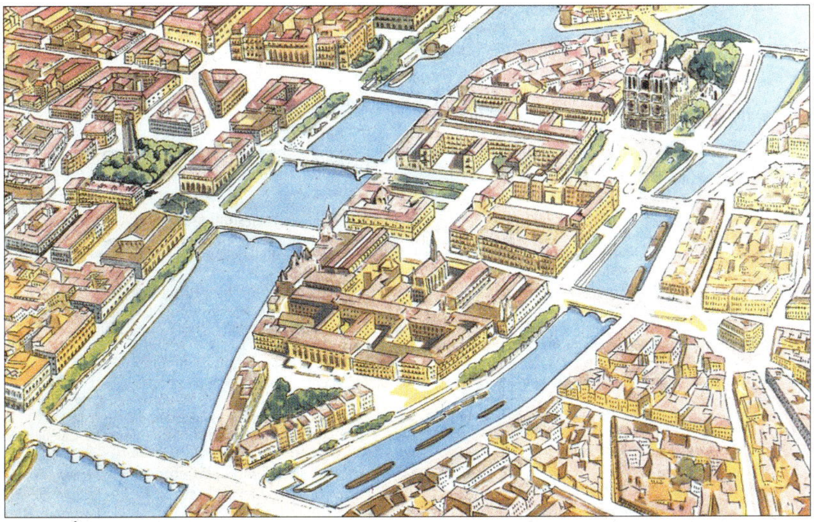

Paris - Île de la Cité.
Cette gravure représente le centre de Paris. Hautes maisons, grandes places, rues larges, beaux monuments, nombreux ponts. Paris est une des plus belles villes du monde.

Village Moï dans la forêt indochinoise.
Quelle différence entre cette vue qui représente un village primitif et celle de Paris ! Remarquez les habitants, leur costume, les maisons, le pont. Comme tout cela ressemble peu à ce que nous voyons dans une ville moderne. Des Français vivent là-bas et font connaître aux habitants les bienfaits de notre civilisation.

DOC. 6
Extrait du manuel scolaire *Géographie documentaire, cours élémentaire et moyen*, de Louis Planel, Librairie Belin, 1951.

9 Décris le paysage [Doc. 5]. Sur quel continent peut-il être situé, d'après toi ?

10 À ton avis, que font les indigènes, c'est-à-dire les habitants originaires de colonies françaises comme la Guinée ?

11 Par qui sont-ils dirigés ?

12 De quand datent ces illustrations [Doc. 6] ?

13 Dans quel type de livre a-t-on trouvé ces deux images ? À qui s'adresse-t-il ?

14 En observant attentivement les deux images et en t'aidant des légendes, cherche ce que les auteurs de ces deux pages veulent montrer.

15 À partir de tous ces documents (2 à 6), que peux-tu conclure de tes observations sur la façon dont les Français considèrent les indigènes ?

1 Les Français à la conquête de territoires lointains

Les buts de la conquête

Depuis le 16e siècle, les Européens ont conquis de vastes territoires sur le continent américain. À partir de la fin du 18e siècle, des savants européens explorent les terres inconnues de l'Afrique et de l'Asie. Tout au long du 19e siècle, des pays d'Europe comme la France conquièrent des territoires sur ces deux continents pour :

– trouver des **matières premières** bon marché ;
– y vendre leurs **produits manufacturés** ;
– montrer leur puissance.

DOC. 7 **La conquête du Maroc par les armes** (musée de la Presse, Paris).
En 1912, le maréchal Lyautey obtient la soumission d'une tribu marocaine rebelle et fait restituer des armes volées.

DOC. 8 **Affiche de l'Exposition coloniale de Paris en 1931** (Jean de la Mézière, Palais de la Porte Dorée, Paris).

Un empire colonial étendu

En 1914, la France domine l'Afrique du Nord, une partie de l'Afrique occidentale et de l'Afrique équatoriale, de l'Indochine, des îles dans l'océan Indien (Madagascar par exemple), dans l'océan Pacifique [Doc. 1 p. 159 et planisphère à la fin de ton livre]. Ces pays, devenus des **colonies**, forment le deuxième empire colonial du monde. La France en est très fière ; elle le montre à sa population et au monde à l'occasion d'expositions coloniales [Docs. 3 et 4 p. 160 et Doc. 8]. Les **indigènes** y sont montrés comme des animaux dans des décors qui reproduisent leurs lieux de vie. Les Français, spectateurs curieux, viennent nombreux les regarder.

- La plupart des Français ne connaissent pas bien les colonies, ils pensent que ces mondes lointains sont étranges et fascinants. Décris les personnages de l'affiche.
- À ton avis, de quels continents viennent-ils ?

comprendre

2 La domination française

Administrer l'empire français

Les colonies sont dirigées par des fonctionnaires et par des militaires français. Leurs populations doivent obéir aux lois imposées par les Français. Les populations indigènes ne sont pas considérées comme étant à égalité avec les populations d'origine européenne.
Les **colons** ne se mélangent pas aux populations indigènes. Ils vivent entre eux.

DOC. 9 **Leçon de culture aux indigènes à Madagascar** (*Le Petit Journal*, novembre 1897).

Exploiter

Dans les colonies, la **métropole** exploite les ressources du sol et du sous-sol dont ses industries ont besoin : cuivre, zinc, pétrole, etc.
Elle développe les grandes plantations [Doc. 5 p. 161] dans lesquelles on cultive des produits comme le café, le cacao, l'arachide, le coton, le caoutchouc. Cela lui permet d'obtenir tous ces produits à bas prix.
Pour les acheminer vers l'Europe, la France fait construire dans ses colonies des routes, des chemins de fer et des ports. Occupés à travailler pour les colons, les indigènes ne peuvent plus cultiver les plantes qui les nourrissaient.

Civiliser

La France ouvre des dispensaires et des écoles dans tout l'empire. Les Français, comme les autres Européens, persuadés que leur civilisation est la meilleure [Doc. 6 p. 161], pensent qu'il faut éduquer les populations indigènes à devenir comme eux.
Certains, dans les colonies mais aussi en Europe, ressentent très mal cette domination souvent brutale [Doc. 3 p. 160].
La lutte contre les pays colonisateurs est de plus en plus vive à partir des années 1930, et surtout après 1945.

DOC. 10 **Les Pères Blancs (religieux) au Burundi devant la chapelle du village.** Les Européens veulent également convertir les indigènes au christianisme.

Les mots de l'Histoire

- **colons :** Européens qui habitent une colonie et en exploitent les richesses.
- **colonies :** territoires occupés et administrés par un pays étranger appelé pays colonisateur.
- **indigènes :** habitants originaires d'une colonie.
- **matières premières :** produits qui n'ont pas encore été transformés par le travail des hommes.
- **métropole :** pays dont dépend une colonie, un territoire.
- **produits manufacturés :** des matières premières sont transformées par l'homme dans des usines et deviennent des produits fabriqués.

Je sais maintenant

- Tout au long du 19e siècle, les **Européens** établissent leur **domination** sur une large partie de l'Afrique et de l'Asie.
- Dans le vaste empire colonial français, **les indigènes sont soumis aux lois françaises.** Sous l'autorité des colons, **ils travaillent pour fournir à la métropole des matières premières** nécessaires à son industrie.
- Les Européens pensent qu'ils ont pour **mission de civiliser les indigènes.**
- En France, comme dans les colonies, **certains s'indignent de cette domination** souvent très dure.
- La France garde des colonies jusqu'aux années 1960.

Histoire des arts

L'affiche publicitaire, une image créée pour vendre

Sur cette magnifique affiche qui se décline en des tons de bruns, la compagnie aérienne « Air France » invite celui qui la regarde au voyage en Afrique. L'avion à quatre hélices survole de sa masse une faune, les éléphants, et une flore, les palmiers, qui semblent résumer l'Afrique. L'affiche en donne une image sauvage et mystérieuse en jouant sur les ombres, sur l'allure des animaux dont les défenses blanches ressortent. Les paysages d'Afrique, les animaux qui y vivent ne sauraient bien évidemment se limiter à ces images exotiques.
Datée de 1948, cette publicité fait aussi référence par les mots à la partie de l'empire français située en Afrique occidentale et équatoriale, comme on peut le voir sur l'affiche de la page 159. Les colonies, mais aussi les destinations lointaines, ont inspiré pendant longtemps beaucoup de dessinateurs d'affiches publicitaires. En 1948, la France a encore son empire colonial.

DOC. 11 Affiche « AIR FRANCE Afrique Occidentale – Afrique Équatoriale », V. Guerra, 1948 (musée Air France).

28 Mourir pour la patrie

Un hommage national sera rendu à Lazare Ponticelli le lundi 17 mars aux Invalides. Lazare Ponticelli est mort le 12 mars 2008 à l'âge de 110 ans. C'était le dernier soldat de la Grande Guerre encore en vie. Le président de la République qui assistera à la cérémonie a déclaré : « J'exprime aujourd'hui la profonde émotion et l'infinie tristesse de l'ensemble de la Nation alors que disparaît Lazare Ponticelli, dernier survivant des combattants français de la Première Guerre mondiale. »

Chronique de TF1, du 12 mars 2008.

DOC. 1 **Lazare Ponticelli en 2006 lors d'une cérémonie du 11 novembre.**
Il est entouré de soldats qui ont revêtu l'uniforme des combattants de la Première Guerre.

DOC. 2 **Les enfants des écoles déposent une gerbe au monument aux morts, le 11 novembre 2003, à Auch** (Gers).

DOC. 3 **Un monument aux morts à Cormes** (Sarthe).

1. Observe les documents.
2. Relève les points communs.
3. En faisant attention à la nature de chaque document et aux dates indiquées, dis ce que tu comprends.

Août 1914 : c'était la pleine moisson.

Quand on a entendu les cloches sonner, on s'est demandé pourquoi [...]. C'est le garde-champêtre qui nous a annoncé la nouvelle. [...] « C'est la guerre, c'est la guerre ! » [...] Mais avec qui ? [...] « Ben avec les Allemands ! Les Allemands nous ont déclaré la guerre. » Quand les ordres de mobilisation et les feuilles de route sont arrivés dans les familles, les gens ont commencé à se rendre compte que la guerre, c'était d'abord la séparation. [...] Le village était complètement bouleversé. [...] Il y en avait qui prenaient ça à la rigolade, [...] ça va nous faire des vacances en plein été, nous qui n'en avons jamais eues, il faut en profiter. Mais il y avait les autres, les inquiets qui voyaient tout en noir. [...] Finalement ils sont tous partis. Pas une famille de Val-des-Prés n'a été épargnée.

Émilie Carles, *Une soupe aux herbes sauvages*, Robert Laffont, 1994.

DOC. 4 Le tocsin de la moisson.

1. Lis le texte [Doc. 4] et observe le document 5.
2. Trouve de quel événement il est question.
3. Qui est concerné ?
4. Comment réagissent les personnes concernées à l'annonce de cet événement et dans les jours qui suivent ?

DOC.5 Le départ des soldats mobilisés.

DOC. 6 Tirailleurs marocains blessés sur les bords de la Marne en 1914 (France).

DOC. 7 Femmes au travail dans une usine de munitions pendant la guerre.

Le 3 mai 1916

Tu ne peux pas te faire une idée, ma chère, combien nous sommes malheureux ; donc pourtant je n'ai pas trop l'habitude de me plaindre, mais ce coup-ci j'y suis obligé car c'est une chose au-dessus de l'imagination, ce n'est pas pouvoir te dire. Dans ce tunnel, nous sommes une affaire de trois mille hommes en réserve, dans une humidité car l'eau ruisselle tout le long des murs, et il faut pourtant coucher là sur la voie de chemin de fer. On va chercher des vivres en pleine nuit près de Verdun, accompagnés tout au long du chemin par les obus, ce qui fait que nous ne pouvons faire qu'un repas par jour et sans soupe. Pour se rendre aux premières lignes, c'est très pénible et très dangereux ; un kilomètre avant d'arriver, il y a un passage dénommé le ravin de la mort, qui sait les hommes qu'il y a de tués là-dedans ; il faut y passer, il n'y a pas d'autre endroit.

Jean-Pierre Guéno, Yves Laplume, *Paroles de poilus : Lettres et carnets du front, 1914-1918*, Librio coédition Radio-France.

DOC. 8 Lettre d'un poilu.

DOC. 9 Soldats dans les tranchées.

5 Observe chacune des photographies, puis lis la lettre [Doc. 8].

6 Que nous apprend chacun de ces documents sur cette guerre et sur le quotidien des soldats qui la font ?

7 Que nous apprennent-ils sur la vie des populations pendant le conflit ?

8 D'où viennent les soldats photographiés [Doc. 6] ? À ton avis, pourquoi combattent-ils pour la France (pense au chapitre 27) ?

9 Quelles différences peux-tu relever avec ce que tu as constaté dans la page précédente ?

1 Pourquoi cette guerre ?

L'Europe en 1914

Au début du 20e siècle, les Européens dominent largement le monde. Pourtant, ils sont désunis : ils se disputent les territoires coloniaux et les marchés commerciaux. Les puissances européennes se préparent à d'éventuelles guerres, équipent leurs armées et se regroupent en alliances.
En France, on rêve de revanche et on veut reprendre l'Alsace et la Lorraine, territoires perdus depuis la défaite de 1871 face à l'Allemagne.

Des déclarations de guerre qui s'enchaînent

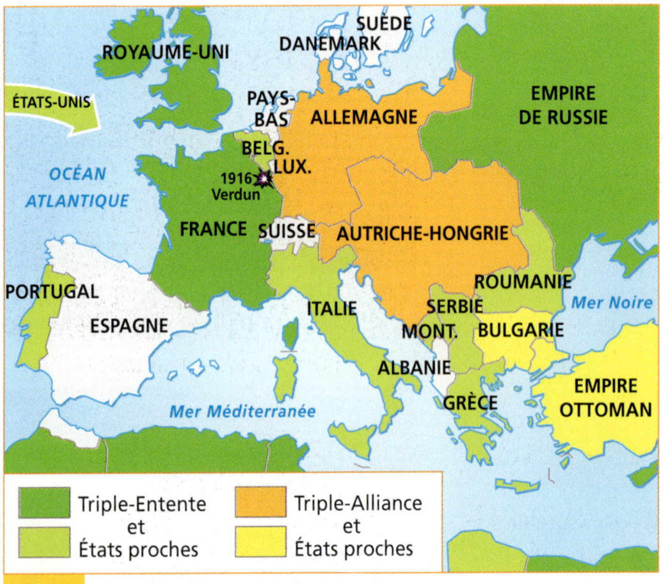

DOC. 10 L'Europe en guerre.

En 1914, ces pays sont entraînés dans la guerre pour défendre leurs intérêts et respecter leurs alliances. L'Allemagne déclare la guerre à la Russie, puis à la France le 3 août. L'Angleterre entre alors dans le conflit. La guerre devient mondiale. Elle touche l'Europe, les colonies, et bientôt les États-Unis et le Japon.

- Retrouve sur la carte les pays alliés de la France.
- Retrouve les pays alliés de l'Allemagne.

2 Une guerre courte ou un conflit de longue durée ?

Lorsque la guerre débute en août 1914, chacun pense que la guerre sera courte [Doc. 4 p. 166]. L'armée allemande traverse la Belgique, pénètre en France mais est arrêtée dans le nord du pays. Désormais, il s'agit pour chaque camp de tenir les positions, d'épuiser l'adversaire, de lui infliger les pertes les plus lourdes. Les soldats se terrent dans les **tranchées** [Doc. 9 p. 167 et Doc. 11]. Ils souffrent du froid, de la faim, de la soif et vivent dans des conditions d'hygiène déplorables. Dans l'impossibilité de se laver et de se raser, ils sont surnommés « les poilus ». Les combats font beaucoup de morts, en particulier lors de la bataille de Verdun (500 000 hommes tués).

- Pourquoi les soldats se terrent-ils dans les tranchées ?
- Pourquoi portent-ils un casque ? et un masque ?

DOC. 11 Soldats attendant l'assaut.

3 Cette guerre ressemble-t-elle aux guerres précédentes ?

Pour tenter de gagner la guerre, chaque camp développe et améliore les armes : chars et sous-marins de combat, avions militaires, artillerie lourde, mitrailleuses, grenades.

Chaque pays mobilise ses ressources et ses industries pour équiper son armée. Les hommes sont à la guerre, ce sont donc les femmes qui travaillent dans les usines [Doc. 7 p. 167]. La guerre coûte cher ; les États lancent des emprunts et augmentent les impôts.

DOC. 12 Avion de bombardement allemand.

DOC. 13 Chars d'assaut français.

Relève dans les documents 12 et 13 les armes nouvelles utilisées.

4 Comment la guerre se termine-t-elle ?

En 1917, les États-Unis entrent en guerre aux côtés de la France et de l'Angleterre. Georges Clémenceau, chef du gouvernement français, est décidé à poursuivre la guerre jusqu'à la victoire. Il soutient les soldats dans les tranchées. En 1918, les Allemands reprennent les offensives mais ne peuvent résister. Le 11 novembre 1918, l'Allemagne est vaincue. Elle signe l'armistice. La paix est conclue en 1919 par le traité de Versailles.

DOC. 14 Georges Clémenceau, surnommé le « Père la Victoire ».

5 Pourquoi cette guerre a-t-elle été appelée la « Grande Guerre » ?

Les survivants de cette guerre sont terriblement marqués par l'horreur des combats. La guerre a fait des millions de morts, d'invalides, de veuves et d'orphelins. Dans les régions des combats, les destructions sont considérables. Le conflit a coûté cher et il faut maintenant payer l'effort de guerre.

Cette « Grande Guerre », que l'on commémore encore aujourd'hui [Docs. 2 et 3 p. 165], a laissé une trace profonde dans l'histoire du 20e siècle.

Les mots de l'Histoire

- **armistice :** accord entre ennemis pour arrêter les combats.
- **emprunt :** somme d'argent que l'on se fait prêter mais qu'il faudra rembourser.
- **tranchées :** larges fosses, reliées les unes aux autres par des boyaux, dans lesquelles les soldats se terrent pour se protéger.

Je sais maintenant

- La Première Guerre mondiale ou « Grande Guerre » a pour origine les rivalités entre les puissances européennes.
  - C'est une **guerre longue**.
  - Elle est **cruelle** pour les hommes qui se battent dans les tranchées dans des conditions terribles.
  - Elle est **coûteuse** pour les pays concernés.
  - Elle **transforme la société** : au travail, les femmes remplacent les hommes partis à la guerre.
- **La guerre prend fin le 11 novembre 1918 avec la capitulation de l'Allemagne et de ses alliés.** Les millions de morts, l'ampleur des destructions marquent les esprits et font naître un sentiment d'horreur et d'absurdité.
- Chaque année, le 11 novembre, on rend hommage aux soldats tués lors de cette guerre.

Histoire des arts — La carte postale pendant la guerre, une certaine image du soldat

La guerre sépare les membres de la famille. Tu as lu dans ce chapitre la lettre d'un poilu écrite dans les tranchées. Le papier à lettres n'est pas le seul moyen pour échanger des nouvelles. Durant le conflit, la carte postale va être largement utilisée. Observe cette carte postale de la Grande Guerre. Note la composition de l'image, les postures des personnages, le décor.
L'image de la carte postale associe deux espaces : le champ de bataille et la maison. L'image veut montrer les liens qui unissent le combattant à sa famille. Les scènes sont très artificielles : mère et enfants, coquettement vêtus, se rassemblent pour rédiger la carte postale ; le soldat, uniforme propre, attend fièrement l'ennemi. L'image de la carte postale cherche à faire du soldat un exemple à suivre, un héros pour ses proches. En se battant pour la victoire, il est le protecteur de la famille.

DOC. 15 « La lettre au défenseur de la Patrie » (Historial de la Grande Guerre, Péronne, Somme).

29 De nouvelles menaces sur l'Europe

DOC. 1 Affiche pour la Journée nationale de la paix, 1936 (illustration de Jean Carlu).

1. De quand date cette affiche diffusée en France ?
2. D'après cette affiche, quelle menace pèse sur le monde ?
3. Comment cette menace est-elle représentée ?
4. Qu'espèrent les auteurs de cette affiche ?

DOC. 2 *Défilé des mutilés, le 14 juillet 1919* par Jean Galtier-Boissières (musée d'Histoire contemporaine, Paris).

[…] Messieurs, la paix, pour l'Allemagne et pour la France, cela veut dire : c'en est fini de la série des rencontres douloureuses et sanglantes dont toutes les pages de l'Histoire sont tachées ; c'en est fini des longs voiles de deuil sur des souffrances qui ne s'apaiseront jamais ; plus de guerres, plus de solutions brutales et sanglantes à nos différends ! Certes, ils n'ont pas disparu, mais, désormais, c'est le juge qui dira le droit. Comme les individus, qui s'en vont régler leurs difficultés devant le magistrat, nous aussi nous réglerons les nôtres par des procédures pacifiques. Arrière les fusils, les mitrailleuses, les canons ! Place à la conciliation, à l'arbitrage, à la paix !

Extrait d'un discours d'Aristide Briand, ministre des Affaires étrangères, à la SDN en septembre 1926.

DOC. 3 Un discours pour la paix.

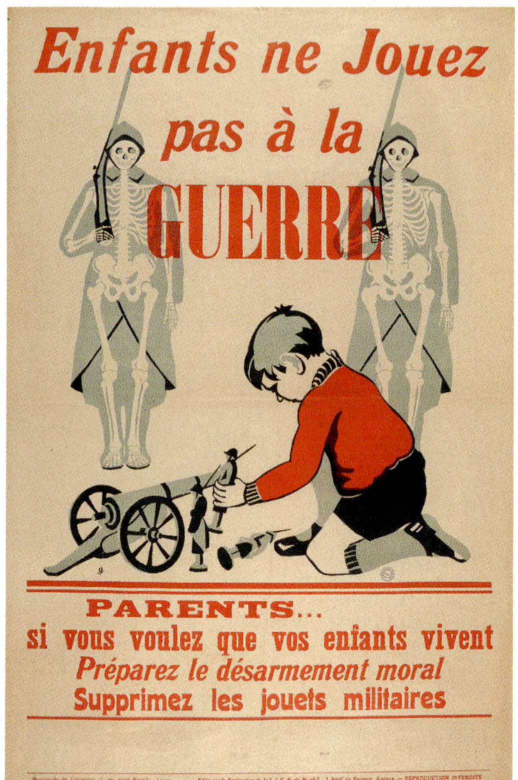

DOC. 4 « Enfants, ne jouez pas à la guerre », affiche pacifiste éditée pendant l'entre-deux-guerres pour la Ligue internationale des combattants de la paix (LICP)
(musée d'Histoire contemporaine/ Bibliothèque de documentation internationale contemporaine, Paris).

1. Qui sont les personnages présentés dans le document 2 ? Décris-les précisément.
2. Lis le texte [Doc. 3]. En te souvenant du chapitre précédent (« Mourir pour la patrie »), peux-tu expliquer pourquoi l'auteur prend cette position ?
3. Décris l'affiche [Doc. 4]. À qui s'adresse-t-elle ? Qu'en comprends-tu ?
4. Quels liens peux-tu faire entre les documents 1, 2, 3 et 4 ?

DOC. 5 Défilés de jeunesses hitlériennes à Nuremberg (Allemagne) en septembre 1933.

Nous sommes surpeuplés et nous ne pouvons pas subsister sur notre propre sol. La solution définitive réside en un élargissement de l'espace vital, source de matières premières et de la subsistance de notre peuple. [...]

Je fixe donc les tâches suivantes :

1. L'armée allemande doit être prête à entrer en action dans quatre ans.
2. Dans quatre ans, l'économie allemande doit être capable de supporter une guerre.

Hitler, *Mémorandum secret pour le plan quadriennal de 1936*, mars 1936.

DOC. 6 Hitler, chancelier allemand depuis 1933, expose son programme.

DOC. 7 Destruction du village espagnol de Guernica par l'aviation allemande en 1937.

5 Décris l'attitude des jeunes sur la photographie [Doc. 5]. Repère quand et dans quel pays cette photographie a été prise. Que remarques-tu de commun entre le drapeau et l'insigne qu'Hitler [Doc. 6] porte sur son bras gauche ?

6 Qui est Hitler ? Décris la façon dont il s'adresse aux Allemands dans le document 6.

7 Pour quelle raison, selon Hitler, l'Allemagne doit-elle s'agrandir, c'est-à-dire « élargir son espace vital » [Doc. 6] ? Quels moyens envisage-t-il pour y parvenir ?

8 Que montre le document 7 ?

9 À partir de tous ces documents, dis quel fléau va de nouveau toucher l'Europe à partir de 1939.

1 Une paix douloureuse

Triste retour à la paix

Au cours de la guerre de 1914-1918, beaucoup d'hommes jeunes sont morts ou ont été mutilés. Traumatisés par la guerre, de nombreux Français veulent préserver la paix à tout prix [Docs. 3 et 4 p. 172].

Une paix très dure pour l'Allemagne

Le traité de Versailles, signé le 28 juin 1919, conclut la paix. Les vainqueurs considèrent l'Allemagne comme la principale responsable de la guerre. Elle est condamnée à payer de très lourdes réparations. Elle perd des territoires, dont l'Alsace-Lorraine qu'elle rend à la France.
Les Allemands n'acceptent pas ce traité qu'ils appellent « un diktat » [Doc. 8].

DOC. 8 **Manifestation en 1919 en Allemagne contre le traité de Versailles.** Les Allemands protestent contre ce texte très dur pour leur pays.

2 De nouvelles menaces pèsent sur l'Europe.

Des dictateurs prennent le pouvoir.

Au cours des années 1920 et 1930, des hommes, comme Hitler en Allemagne [Doc. 6 p. 173], prennent le pouvoir et deviennent des chefs tout-puissants. Ce sont des dictateurs.

L'Allemagne nazie

En Allemagne, Hitler s'appuie sur un parti unique, le parti nazi, qui a pris pour insigne la croix gammée [Docs. 5 et 6 p. 173].
Toute opposition est réprimée. La terreur règne. Les individus sont surveillés et encadrés. Les jeunes sont regroupés dans des organisations presque militaires [Doc. 5 p. 173] au service de la dictature.
Au mépris de la vie humaine et des droits fondamentaux de l'homme, Hitler pense qu'il existe des « races inférieures » comme les Juifs [Doc. 9] et décide de les persécuter.

DOC. 9 **Un magasin juif signalé sur la vitrine par l'étoile de David et le mot *jude*, c'est-à-dire « juif ».** À partir de 1933, en Allemagne, les droits des Juifs sont de plus en plus limités. Une ordonnance de 1938, par exemple, leur interdit de tenir un magasin.

Hitler et Franco en Espagne

Hitler n'hésite pas à soutenir les partisans des dictatures dans d'autres pays. En Espagne, en 1937, il aide le futur dictateur Franco à prendre le pouvoir. L'aviation allemande bombarde la petite ville basque de Guernica, un jour de marché. Cette attaque fait de très nombreux morts [Doc. 7 p. 173].

3 La guerre devient inévitable.

Hitler prépare la guerre.

Peu de temps après son arrivée au pouvoir, Hitler met tout en œuvre pour agrandir par la force le territoire de son pays et retrouver une grande Allemagne. Il dénonce le traité de Versailles que les Allemands n'ont jamais accepté et affirme alors que le peuple allemand doit retrouver « son espace vital » [Doc. 6 p. 173].
Il veut que l'Allemagne domine le monde. Il commence par conquérir les territoires d'Europe dans lesquels vivent des Allemands [Doc. 10].

Les dernières chances de paix disparaissent.

À partir de 1938, Hitler s'empare de pays situés au sud et à l'est de l'Allemagne [Doc. 10]. Le 3 septembre 1939, après avoir longtemps laissé faire, la France et la Grande-Bretagne déclarent la guerre à l'Allemagne quand Hitler envahit la Pologne. C'est le début de la Seconde Guerre mondiale.

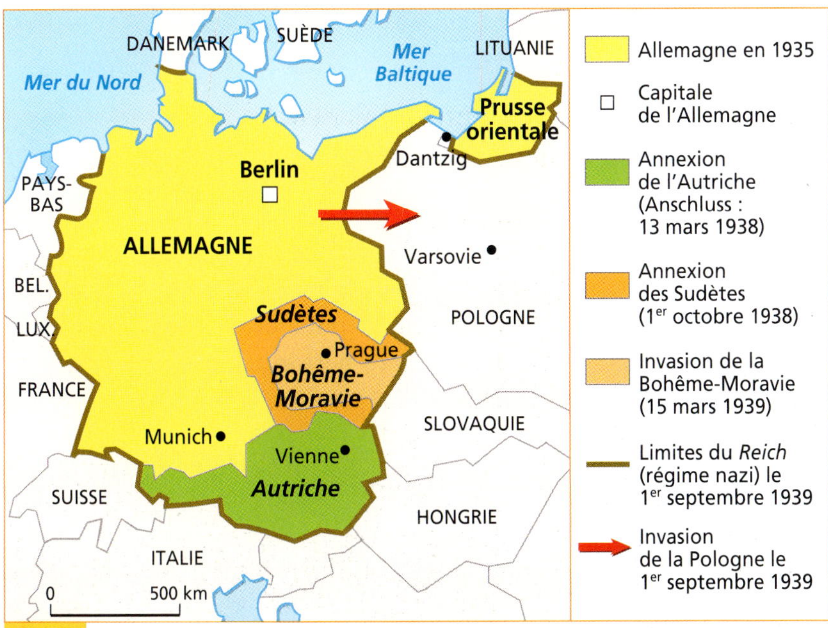

DOC. 10 Les coups de force d'Hitler en Europe entre 1938 et 1940.

- Repère sur la carte le territoire de l'Allemagne en 1939.
- Compare avec le territoire de l'Allemagne en 1935. Que remarques-tu ?
- Où sont situés les territoires occupés par Hitler entre 1938 et 1939 ? Relève leur nom.

Les mots de l'Histoire

- **dictature :** système de gouvernement d'un pays dans lequel une seule personne, appelée un **dictateur**, détient tout le pouvoir.
- **parti unique :** seule organisation politique autorisée, au service du dictateur.
- **traité de paix :** accord conclu entre deux ou plusieurs pays pour établir les conditions de la paix.

Je sais maintenant

Une paix difficile

- Après les horreurs de la Première Guerre mondiale, de nombreux Français défendent la **paix** envers et contre tout.
- L'Allemagne n'accepte pas les **dures conditions du traité de paix de Versailles.**

Une paix menacée

- Des **dictateurs**, comme **Hitler en Allemagne**, arrivent au pouvoir.
- Ils s'appuient sur un **parti unique**. Aucune opposition n'est tolérée.
- Des catégories de population, comme les Juifs en Allemagne, sont **persécutées.**

La guerre à nouveau

- À partir de 1938, **Hitler** s'empare, par des coups de force, de territoires en Europe.
- **Il envahit la Pologne le 1er septembre 1939.**
- La France et la Grande-Bretagne déclarent la guerre à l'Allemagne le **3 septembre.**
- Cette date marque le **début de la Seconde Guerre mondiale.**

Histoire des arts

Picasso témoin de son siècle

Peint en 1937 par Picasso, ce gigantesque tableau (3,49 m x 7,76 m) est réalisé alors que l'Espagne connaît une grave guerre civile. Le peintre donne à son œuvre le nom de « Guernica » pour dénoncer le bombardement de cette ville.

Dans son œuvre, Picasso veut montrer toute l'horreur de la guerre. Le tableau, en noir et blanc, évoque la cendre.

Le peintre souligne la souffrance des femmes, des enfants et des vieillards qui se trouvaient dans la ville. Observe la bouche ouverte des femmes : elles semblent pousser des cris. Les regards de la plupart des personnages sont tournés vers le taureau qui représente la brutalité.

DOC. 11

Guernica, Pablo Picasso, 1937 (musée de la Reine Sofia, Madrid, Espagne).

30 Les Français dans la guerre (1939-1945)

DOC. 1 14 juin 1940 : défilé des troupes allemandes à cheval devant l'Arc de Triomphe à Paris.

Observe la photographie.

1 Où et quand se déroule ce défilé ? Qui défile ?

2 Que nous apprend la photographie sur la situation de la France en 1940 ?

septembre 1939

Les troupes allemandes envahissent la Pologne.

3 septembre 1939

La Grande-Bretagne et la France déclarent la guerre à l'Allemagne.

Début de la « drôle de guerre ».

mai 1940

Les Allemands envahissent la France. L'armée française est balayée. Des millions de Français fuient devant l'avancée des troupes allemandes.

17 juin 1940

Le maréchal Pétain, qui gouverne la France, demande l'armistice.

18 juin 1940

Depuis Londres, le général de Gaulle appelle à continuer le combat.

22 juin 1940

L'armistice est signé. La France est divisée en deux zones, l'une est occupée par les Allemands, l'autre est dite libre. La ligne de démarcation les sépare.

24 octobre 1940

Le maréchal Pétain rencontre Hitler à Montoire et s'engage dans la collaboration avec l'Allemagne.

Observe les pages de ce calendrier.

1. Que se passe-t-il en Europe à partir de septembre 1939 ?
2. Quel est le sort de la France et des Français ?

DOC. 2 Calendrier de septembre 1939 à octobre 1940.

DOC. 3 Une scène de vie à Paris entre 1940 et 1944.

DOC. 4 Un affichage dans une vitrine parisienne.

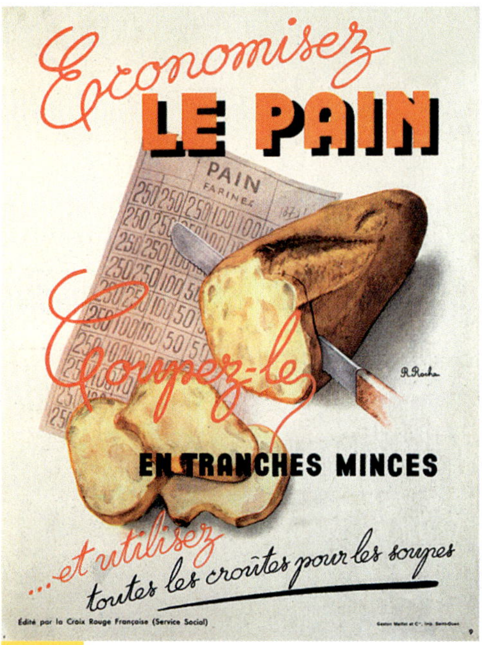

DOC. 5 Une affiche en 1942.

Chez nous, malgré les restrictions, on était moins malheureux que les gens des villes. Et si on n'avait ni huile, ni sucre, ni café, ni chaussures, ni essence, on faisait au moins pousser des légumes. Les Nîmois venaient s'approvisionner en légumes à Brignon. Mais ils étaient si nombreux qu'on ne pouvait pas tous les contenter, [...] il fallait bien en garder pour le village. En tout cas, les privations rendaient les gens débrouillards. [...] En prévision de l'hiver, chacun faisait des bocaux ou des tonneaux de choux, sans parler des légumes qui se conservent longtemps. Les gens s'étaient remis à élever des bêtes : une chèvre, une vache même qu'ils gardaient un peu partout au bord des chemins, des lapins, des volailles, un cochon.

Léonce Chaleil, *La Mémoire du village*, Éditions de Paris, 1998.

DOC. 6 Un témoignage.

3 Décris la scène [Doc. 3] et essaie de la comprendre.

4 Observe les documents 4 et 5 et explique les liens qu'ils ont avec le document 3.

5 Dans quelle situation se trouvent les Français et, à ton avis, pourquoi ?

6 Les documents 5 et 6 renseignent sur la façon dont les Français font face à la situation. Dis ce que tu comprends.

7 Quelles sont les différences entre la situation en ville et à la campagne [Docs. 3, 4, 5 et 6] ?

Français,

C'est librement que je me suis rendu à l'invitation du *Führer*. Je n'ai subi de sa part aucun diktat, aucune pression. Une collaboration a été envisagée entre nos deux pays. J'en ai accepté le principe. Les modalités en seront discutées ultérieurement. [...] Ainsi, dans un avenir proche, pourrait être allégé le poids des souffrances de notre pays, amélioré le sort de nos prisonniers, atténuée la charge des frais d'occupation. Ainsi pourrait être assouplie la ligne de démarcation et facilités l'administration et le ravitaillement du territoire. [...] L'armistice, au demeurant, n'est pas la paix. La France est tenue par ses obligations nombreuses vis-à-vis du vainqueur. [...] Cette politique est la mienne. Suivez-moi. Gardez votre confiance en la France éternelle.

DOC. 7 L'allocution radiodiffusée prononcée par le maréchal Pétain, chef de l'État français, le 30 octobre 1940.

DOC. 8 Paris en novembre 1942.

DOC. 9 Une étoile jaune.

DOC. 10 Des jeunes filles d'origine juive portant l'étoile jaune à Paris.

Le gouvernement français a accepté le principe et l'envoi de 300 000 ouvriers de chez nous en Allemagne. [...]

La France satisfera donc pleinement l'Allemagne sur le plan économique. Elle enverra les ouvriers que réclame Hitler.

Extrait du journal *Libération*, n°25, mars 1943.

DOC. 11 Départ des ouvriers français.

8 Lis le texte [Doc. 7], puis réponds aux questions.
- Qui parle ? À quelle date ? À qui s'adresse-t-il ?
- Quelle est alors la situation de la France (reporte-toi aux pages 177 et 178) ?
- Quel mot te semble résumer cet extrait de discours ?

9 La décision du maréchal Pétain a des conséquences pour les Français.
- Observe ce qui se passe pour les Juifs [Docs. 8, 9 et 10]. Que leur impose-t-on ?
- Lis le texte [Doc. 11] et explique ce qui se passe pour certains ouvriers français.

Nous avons été, nous sommes submergés par la force mécanique, terrestre et aérienne de l'ennemi. Mais le dernier mot est-il dit ? La défaite est-elle définitive ? Non, croyez-moi, moi qui vous parle en connaissance de cause et vous dis que rien n'est perdu pour la France.

Car la France n'est pas seule. Elle peut faire bloc avec l'Empire britannique qui tient la mer et continue la lutte. Elle peut, comme l'Angleterre, utiliser l'immense industrie des États-Unis. Moi, général de Gaulle, actuellement à Londres, j'invite les officiers et les soldats français, j'invite les ingénieurs et les ouvriers à se mettre en rapport avec moi.

Quoi qu'il arrive, la flamme de la résistance française ne doit pas s'éteindre et ne s'éteindra pas.

Le discours du général de Gaulle à la radio de Londres, le 18 juin 1940.

DOC. 12 L'appel du 18 juin.

DOC. 13 Des hommes prenant le maquis, pour résister à l'ennemi allemand, en Haute-Savoie.

DOC. 14 Une imprimerie clandestine sous l'Occupation.

DOC. 15 Une opération de sabotage.

10 Lis le texte [Doc. 12], puis réponds aux questions.
- Qui parle ? À quelle date ?
- De quel endroit ? À qui s'adresse-t-il ?
- Quelle est alors la situation de la France (reporte-toi aux pages 177 et 178) ?
- Quel mot te semble résumer cet extrait de discours ?

11 D'après les documents 13, 14 et 15, que font les Français qui résistent ?

1 Quelles sont les conséquences de la défaite de la France ?

En juin 1940, l'armée allemande est victorieuse de l'armée française. Le maréchal Pétain, qui gouverne la France, demande l'armistice à l'Allemagne. L'Allemagne impose des conditions très difficiles aux vaincus.
Les deux tiers de la France sont occupés. Une ligne de démarcation sépare la « zone libre » de « la zone occupée » [Doc. 17]. Les Français doivent fournir à l'Allemagne une part très importante de leur production. L'agriculture, l'industrie, le commerce sont désorganisés par la guerre. Bientôt, les Français manquent de tout.

DOC. 16 Paris entre 1939 et 1945.

2 Comment les Français font-ils face ?

Les denrées alimentaires sont rationnées. Se nourrir, se chauffer, se vêtir deviennent les principales préoccupations de la population [Doc. 3 p. 179]. Les Français essaient de s'adapter en cultivant des potagers, en élevant des petits animaux ou en s'approvisionnant à la campagne. On fabrique des produits de remplacement comme la chicorée pour le café. Le troc et le marché noir font leur apparition. Le marché noir est un marché illégal et clandestin qui enrichit une partie de la population.

DOC. 17 Sur la ligne de démarcation en mars 1943 à Moulins (Allier).

DOC. 18 Une carte de rationnement.

3 Comment la France est-elle gouvernée ?

Installé à Vichy, en zone libre, le gouvernement du maréchal Pétain choisit la collaboration avec l'Allemagne. Il décide le service du travail obligatoire (STO). Le STO impose aux ouvriers français de travailler dans les usines allemandes [Doc. 11 p. 180]. Il vote des lois qui limitent les droits des Juifs [Doc. 8 p. 180]. Il organise l'arrestation et la déportation vers l'Allemagne des Juifs de France. La police traque les résistants.

4 La défaite est-elle acceptée par tous ?

Depuis Londres, le général de Gaulle appelle à poursuivre la lutte [Docs. 2 p. 178 et 12 p. 181]. Il organise les Forces françaises libres [Doc. 21]. Des Français et des combattants des colonies françaises d'Afrique forment ces troupes armées. Elles poursuivent la guerre contre l'Allemagne.

En France, les résistants se regroupent dans les maquis [Doc. 13 p. 181]. Ils organisent des sabotages, diffusent une presse interdite et renseignent les troupes basées en Angleterre [Docs. 14 et 15 p. 181].

En 1942, Jean Moulin [Doc. 20] est envoyé en France par le général de Gaulle pour rassembler la Résistance sous son autorité.

BEKANNTMACHUNG

1. Der Kapitänleutnant **Henri Louis Honoré COMTE D'ESTIENNES D'ORVES**, französischer Staatsangehöriger, geb. am 5. Juni 1901 in Verrières,
2. der Handelsvertreter **Maurice Charles Emile BARLIER**, französischer Staatsangehöriger, geb. am 9. September 1905 in St. Dié,
3. der Kaufmann **Jan Louis-Guilleaume DOORNIK**, holländischer Staatsangehöriger, geb. am 26 Juni 1905 in Paris,

sind wegen Spionage zum Tode verurteilt und heute erschossen worden.

Paris, den 29. August 1941.

Der Militärbefehlshaber in Frankreich.

AVIS

1. Le lieutenant de vaisseau **Henri Louis Honoré COMTE D'ESTIENNES D'ORVES**, Français, né le 5 juin 1901 à Verrières,
2. l'agent commercial **Maurice Charles Emile BARLIER**, Français, né le 9 septembre 1905 à St-Dié,
3. le commerçant **Jan Louis-Guilleaume DOORNIK**, Hollandais, né le 26 juin 1905 à Paris.

ont été condamnés à mort à cause d'espionnage. Ils ont été fusillés aujourd'hui.

Paris, le 29 Août 1941.

Der Militärbefehlshaber in Frankreich.

DOC. 19 Avis public du 29 août 1941.

À quels risques s'exposent les résistants ?

DOC. 21 **La croix de Lorraine,** emblème de la France libre du général de Gaulle.

DOC. 20 **Jean Moulin.** Préfet en 1940, il est révoqué par le gouvernement de Vichy. Il rejoint le général de Gaulle à Londres. Il est parachuté en France pour unifier la Résistance. Le 21 juin 1943, il est arrêté par la Gestapo, la police allemande. Torturé, il meurt le 8 juillet 1943 dans le train qui le conduit en Allemagne.

Les mots de l'Histoire

- **collaboration :** politique d'entente et de soutien menée par le gouvernement du maréchal Pétain vis-à-vis de l'Allemagne nazie.
- **maquis :** lieux peu accessibles où se regroupent les résistants.
- **résistants :** hommes et femmes qui luttent dans la clandestinité pour libérer la France et vaincre l'Allemagne nazie.

Je sais maintenant

- Quelques mois après la déclaration de guerre, **la France est vaincue.**
  - Les troupes allemandes ont balayé l'armée française.
  - De nombreux soldats français sont faits prisonniers.
  - Le maréchal Pétain demande l'**armistice** à l'Allemagne. Les conditions de l'armistice sont sévères et vont peser sur la vie quotidienne des Français.
- **La France est occupée.**
  - Le pays est déchiré en deux zones. Il faut accepter l'humiliation de la défaite et la présence des troupes d'occupation.
  - Les marchandises manquent. Les produits courants sont rationnés et s'obtiennent par des tickets d'alimentation.
  - Se nourrir, se chauffer, se vêtir est difficile.
- **La France est divisée.**
  - D'un côté, le **maréchal Pétain** appelle à **collaborer** avec les vainqueurs : il adopte des lois racistes, il organise la déportation des Juifs, il envoie les ouvriers français travailler en Allemagne.
  - De l'autre, le **général de Gaulle** refuse la défaite. Il demande aux Français de **résister** et de préparer la victoire future.

Histoire des arts

Le film *La Traversée de Paris*, une vision de l'Occupation

Après la Libération, le cinéma français s'empare du thème de la guerre. De 1944 à 1946, plus d'une vingtaine de films sont consacrés à ce sujet. Ils mettent en scène l'héroïsme de la Résistance. *La Bataille du rail*, film réalisé par René Clément, montre la façon dont les cheminots ont résisté en pratiquant sabotages et attentats sur les voies ferrées. Plus tard, dans les années 1950, les films s'intéressent plutôt à la vie quotidienne des Français sous l'Occupation. *La Traversée de Paris*, de Claude Autant-Lara, raconte le trajet dans Paris de deux Français qui transportent clandestinement, dans une valise, un cochon découpé en morceaux. Le réalisateur évoque un pays en proie aux combines, au marché noir, aux peurs, aux dénonciations, à la lâcheté. On est loin de la représentation idéale de la France héroïque et résistante.

DOC. 22 *La Traversée de Paris*, **film de Claude Autant-Lara (1956).** La scène montre les principaux acteurs du film : Bourvil, Louis de Funès et Jean Gabin.

31 Guerre et après-guerre

DOC. 1 La ville de Caen en 1945.

1 Décris cette photographie de Caen en 1945.
2 Quelle est la situation de la France à la fin de la guerre ?

DOC. 2 **Le débarquement sur une plage de Normandie aux environs de Cherbourg.**
Dans la nuit du 5 au 6 juin 1944, les troupes américaines et britanniques débarquent sur les plages de Normandie.

Paris ! Paris outragé ! Paris brisé ! Paris martyrisé ! mais Paris libéré ! Libéré par lui-même, libéré par son peuple avec le concours des armées de la France, [...] de la France qui se bat. [...] L'ennemi chancelle mais il n'est pas encore battu. Il reste sur notre sol. Il ne suffira même pas que nous l'ayons, avec le concours de nos chers et admirables alliés, chassé de chez nous pour que nous nous tenions pour satisfaits après ce qui s'est passé. Nous voulons entrer sur son territoire comme il se doit, en vainqueurs.

Extrait du discours du 25 août 1944 prononcé par le général de Gaulle à l'hôtel de ville de Paris.

DOC. 3 **Paris libéré.**

DOC. 4 **L'Allemagne vaincue.**
Depuis 1943, l'URSS a lancé une vaste offensive militaire à l'Est de l'Europe en direction de Berlin. En mai 1945, dans cette ville détruite, un soldat soviétique hisse le drapeau de l'URSS pour marquer la victoire.

DOC. 5 **Le champignon atomique d'Hiroshima.**
Pour mettre fin à la terrible guerre qui les oppose au Japon, les États-Unis d'Amérique décident d'utiliser pour la première fois l'arme atomique. Les 6 et 9 août 1945, des dizaines de milliers d'habitants des villes d'Hiroshima et de Nagasaki périssent atrocement sous l'effet de ces bombes atomiques.

1. En quoi la guerre de 1939 à 1945 est-elle mondiale [Docs. 2, 4 et 5] ?
2. Lis le texte [Doc. 3]. À quels événements le général de Gaulle fait-il allusion ? À qui pense-t-il quand il parle de « la France qui se bat » et de « nos chers et admirables alliés » ? Que propose-t-il pour vaincre l'Allemagne ?
3. Que font les Américains pour vaincre l'Allemagne et le Japon [Docs. 2 et 5] ? Quel autre État a un grand rôle dans la défaite de l'Allemagne nazie [Doc. 4] ?

s'interroger

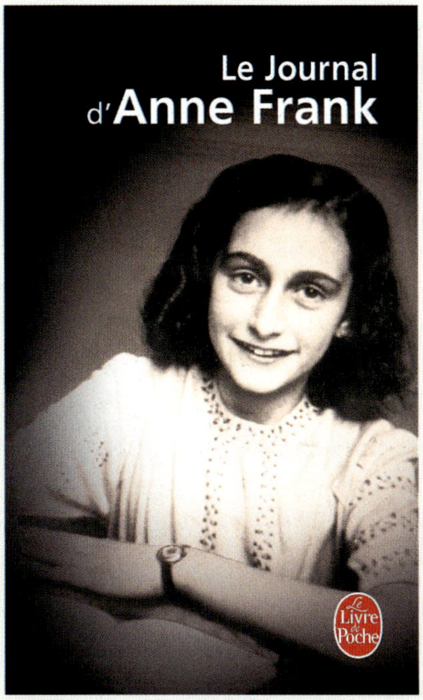

20 juin 1940 : « À partir de mai 1940, c'en était fini du bon temps, d'abord la guerre, la capitulation, l'entrée des Allemands, et nos misères, à nous les Juifs, ont commencé. Les lois antijuives se sont succédé sans interruption et notre liberté de mouvement fut de plus en plus restreinte. Les Juifs doivent porter l'étoile jaune ; les Juifs doivent rendre leurs vélos, les Juifs n'ont pas le droit de prendre le tram ; les Juifs n'ont pas le droit de circuler en autobus, ni même dans une voiture particulière [...]. »

8 juillet 1942 : « Nous cacher, mais où, en ville, à la campagne, dans une maison, une cabane, où, quand, comment ? »

28 septembre 1942 : « L'idée de ne jamais pouvoir sortir m'oppresse aussi plus que je ne suis capable de le dire et j'ai très peur qu'on nous découvre et qu'on nous fusille. »

Extraits du *Journal d'Anne Frank*, 1947
trad. Philippe Noble et Isabelle Rosselin-Bobulesco,
Calmann-Levy, 1989.

DOC. 6 Une adolescente raconte la vie des Juifs au quotidien.

DOC. 7 Des déportés dans un camp d'extermination.

Je dirigeai Auschwitz jusqu'au 1er décembre 1943 et estime qu'au moins deux millions cinq cent mille victimes furent exécutées par le gaz, puis incinérées ; un demi-million au moins mourut de faim ou de maladie, soit un chiffre minimum de trois millions de morts. [...] Les autres furent sélectionnés et employés aux travaux forcés dans les industries dépendant du camp. [...] Les enfants en bas âge étaient exterminés sans exception.

Rudolf Hoess, *Le commandant d'Auschwitz parle*, Paris, La Découverte, 1995.

DOC. 8 Le commandant du camp d'Auschwitz témoigne lors de son procès en 1945.

4 Relève ce que subissent les Juifs durant la Seconde Guerre mondiale [Docs. 6, 7 et 8].

5 Explique en quoi l'Allemagne nazie s'est livrée à des crimes contre l'humanité.

1 La défaite de l'Allemagne

Après avoir conquis de nombreux territoires, l'Allemagne et le Japon sont finalement vaincus par les Alliés : l'URSS, les États-Unis et le Royaume-Uni. Les troupes américaines et britanniques débarquent en Normandie le 6 juin 1944 [Doc. 2 p. 186]. Aidées par les résistants français, elles libèrent la France en 1944 [Doc. 3 p. 186].
La Seconde Guerre mondiale prend fin en Europe le 8 mai 1945, lorsque l'Allemagne capitule. Le Japon capitule à son tour le 2 septembre 1945, suite aux bombardements atomiques d'Hiroshima et Nagasaki [Doc. 5 p. 186].

2 Un bilan dramatique

Plus de 50 millions de personnes dans le monde sont mortes à cause de la guerre. La France, l'Allemagne et une grande partie de l'Europe sont dévastées [Doc. 1 p. 185].
Les populations libérées découvrent l'horreur des camps. Des centaines de milliers d'opposants et de résistants au nazisme sont morts dans les camps de concentration. Les nazis ont organisé l'extermination systématique des Juifs et des Tziganes dans des camps d'extermination [Doc. 7 p. 187] équipés pour tuer massivement.
Près de six millions de personnes ont été victimes de ce crime contre l'humanité. C'est le plus important génocide de l'histoire.

3 L'Europe divisée

Très vite, la mésentente s'installe entre les pays vainqueurs de l'Allemagne : l'URSS domine l'Europe de l'Est où elle impose sa façon de gouverner. Les pays situés à l'Ouest de l'Europe sont les alliés des États-Unis et bénéficient de leur aide pour se reconstruire [Doc. 9].

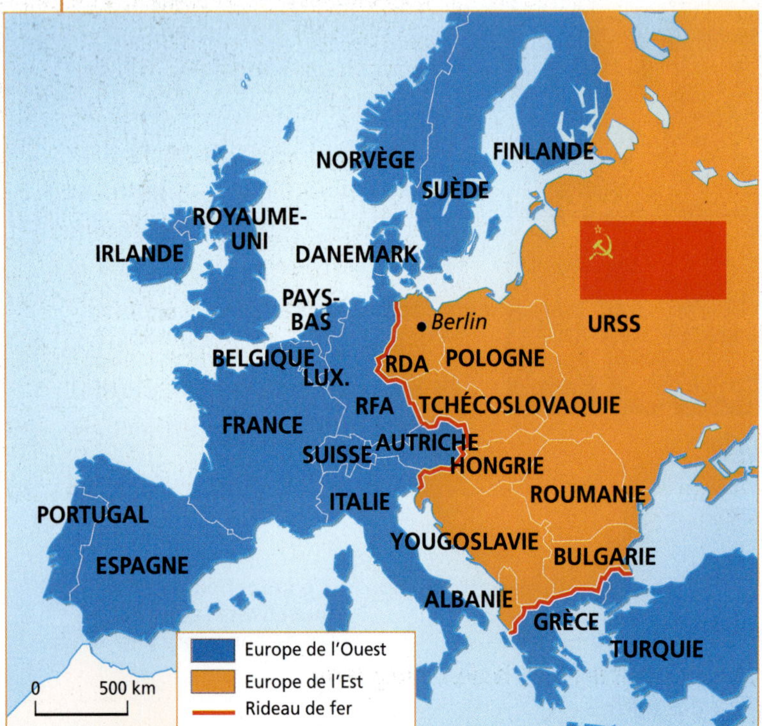

DOC. 9 L'Europe divisée.

Les mots de l'Histoire

- **camp de concentration :** camp destiné à emprisonner un très grand nombre de personnes soumises au travail forcé.
- **crime contre l'humanité :** assassinat, extermination, réduction en esclavage, déportation et tout acte inhumain commis contre les populations civiles pour des motifs religieux, politiques ou raciaux.
- **déportation :** transport définitif et emprisonnement de personnes dans un camp de concentration ou d'extermination.
- **génocide :** crime organisé pour détruire un groupe humain.
- **URSS :** l'empire russe est devenu « l'Union des Républiques Socialistes Soviétiques » après la révolution de 1917.

32 Vivre en France depuis 1945

DOC. 1 Une publicité pour la voiture Dauphine Renault en 1958.

1 Observe le document 1. Treize années ont passé depuis la fin de la dernière guerre. Quels objets sont représentés sur cette publicité ?

Viens m'embrasser
Et je te donnerai
Un Frigidaire
Un joli scooter
Un atomixer
Et du Dunlopillo
Une cuisinière
Avec un four en verre
Des tas de couverts
Et des pell' à gâteaux
Une tourniquette
Pour fair' la vinaigrette
Un bel aérateur
Pour bouffer les odeurs
Des draps qui chauffent
Un pistolet à gaufres
Un avion pour deux
Et nous serons heureux.

Boris Vian, *La Complainte du progrès*, 1956.
Paroles de Boris Vian, musique d'Alain Goraguer

DOC. 2 Chanson sur les arts ménagers.

DOC. 3 Slogan de la marque Moulinex.

DOC. 4 Affiche pour un réfrigérateur, 1958.

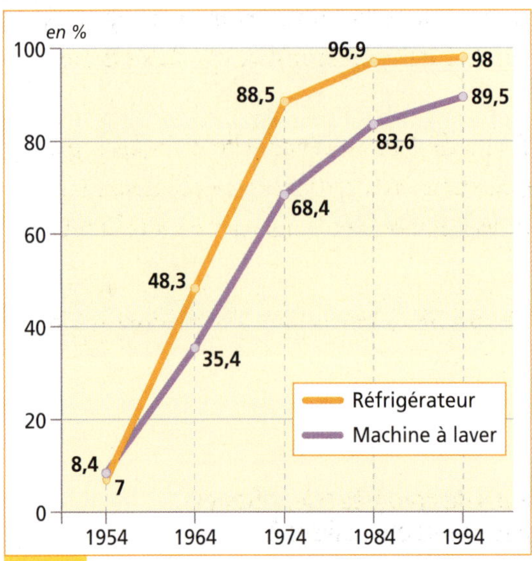

DOC. 5 Pourcentages de familles ayant acheté un appareil ménager.

DOC. 6 Un supermarché aujourd'hui.

DOC. 7 Une publicité pour un hypermarché en 2003.

Observe les documents 1 à 7.

1. Donne la nature et la date de chacun d'eux.
2. Que nous apprennent-ils sur les changements qui interviennent dans la vie quotidienne des Français à cette époque ?

DOC. 8 Une élève travaillant sur un ordinateur portable.

DOC. 10 La fusée Ariane 5 emportant un satellite de communication.

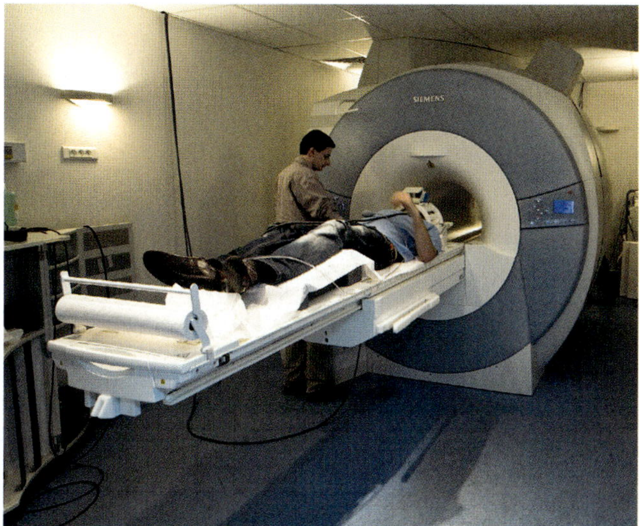

DOC. 9 Une salle d'IRM (Imagerie par Résonance Magnétique).

[…] Nous avons chanté, dansé. […] Nous avons construit la vie meilleure, nous avons jeté nos pesticides à l'eau, nos fumées dans l'air, nous avons conduit trois voitures, nous avons vidé les mines, nous avons mangé des fraises du bout monde, nous avons voyagé en tous sens, nous avons éclairé les nuits, nous avons chaussé des tennis qui clignotent quand on marche, nous avons grossi, nous avons mouillé le désert, acidifié la pluie, créé des clones, franchement on peut dire qu'on s'est bien amusés. […] Et on aimerait bien continuer […]. Certes.

Mais nous y sommes. À la Troisième Révolution. […] Elle a déjà commencé, elle ne nous a pas demandé notre avis. C'est la mère Nature qui l'a décidé, après nous avoir aimablement laissé jouer avec elle depuis des décennies. La mère Nature, épuisée, souillée, exsangue[1], nous ferme les robinets. De pétrole, de gaz, d'uranium, d'air, d'eau. […]

Fred Vargas, *Nous y sommes*, 2008 www.europeecologie.fr.

1. à bout de forces

DOC. 11 Plaidoyer pour sauver la planète.

3 Observe les 4 documents de cette page. Ils montrent quelques-uns des progrès scientifiques et technologiques du 20e siècle. Dans quels domaines ces progrès ont-ils été réalisés ? En quoi améliorent-ils la vie des Français ?

4 Lis le texte de Fred Vargas [Doc. 11]. Comment comprends-tu l'expression « Troisième Révolution » ?

1 La société de consommation

Après 1945, la France se reconstruit. Jusqu'en 1975, les conditions de vie des Français s'améliorent. Les revenus des familles s'élèvent, de nombreux biens simplifient la vie quotidienne. La publicité [Doc. 1 p. 189 et Doc. 4 p. 190] et une nouvelle forme de magasins, les grandes surfaces [Doc. 6 p. 190], invitent à consommer toujours davantage. On parle de société de consommation. Les loisirs [Doc. 1 p. 189], la radio, la télévision deviennent peu à peu accessibles à tous les Français.

Depuis 1975, la France connaît plusieurs périodes de crise économique. Le chômage augmente, les inégalités entre Français s'installent [Doc. 12]. Malgré cela, le modèle de société de consommation triomphe jusqu'à nos jours.

DOC. 12 Les exclus de la société de consommation. Un sans domicile fixe (SDF) à Paris.

2 L'accélération des progrès scientifiques et techniques

Aujourd'hui, les nouvelles technologies révolutionnent les modes de vie des Français. La voiture, le TGV et l'avion permettent de se déplacer de plus en plus rapidement. L'ordinateur [Doc. 8 p. 191], le téléphone portable, Internet facilitent les communications. La conquête de l'espace a permis à l'homme de marcher sur la Lune [Doc. 13]. Les satellites [Doc. 10 p. 191] assurent les communications à grande distance et une meilleure connaissance de l'Univers. On utilise le soleil et le vent comme nouvelles sources d'énergie. On s'efforce de remplacer le pétrole et de protéger la planète.

On se soigne mieux grâce à des moyens modernes de recherche approfondie [Doc. 9 p. 191], de nouveaux traitements et des connaissances apportées par la recherche médicale.

DOC. 13 Homme marchant sur la Lune, 1969.

Histoire des arts — Les artistes et la société de consommation

Sur cette photo, tu peux voir un drôle de chien en forme de ballon gonflable, comme ceux que l'on trouve dans les fêtes foraines. Il mesure environ 3 mètres de haut. Les surfaces sont brillantes comme des miroirs. Il s'agit en fait d'une sculpture en acier de l'artiste américain Jeff Koons. Celui-ci s'est inspiré de nos façons de consommer. Il fait rire et détourne les objets qui nous sont familiers. Il nous attire comme le fait la publicité. D'autres grands artistes de la deuxième moitié du 20e siècle comme Andy Warhol se sont moqués de nos habitudes de consommateur.

DOC. 14 *Balloon dog Yellow*, 1994-2000, Jeff Koons
(The Metropolitan Museum of Arts, New York, États-Unis).

33 La Ve République

DOC. 1 Timbre émis par La Poste à l'occasion de la célébration des 50 ans de la Ve République.

Observe bien le document 1.

1. Quand le timbre a-t-il été émis ? Où a-t-il d'abord été mis en vente ?
2. Que fête-t-il précisément ?
3. Connais-tu le personnage représenté sur le timbre ?

> […] Naguère, le pays, dans ses profondeurs, m'a fait confiance pour le conduire tout entier jusqu'à son salut. Aujourd'hui, devant les épreuves qui montent de nouveau vers lui, qu'il sache que je me tiens prêt à assumer les pouvoirs de la République.
>
> Déclaration du général de Gaulle du 15 mai 1958.

DOC. 2 **De Gaulle et la IVe République.**
En mai 1958, de graves événements troublent la France.
Le général de Gaulle fait un discours dont tu peux lire ici un extrait.

DOC. 3 **Affiche parue lors du référendum du 28 septembre 1958 sur le projet de nouvelle constitution.** Les Français en âge de voter doivent dire si, oui ou non, ils veulent une nouvelle constitution pour une nouvelle République.

DOC. 4 **De Gaulle présente à la foule parisienne la constitution de 1958 le 4 octobre 1958.**

1. Te rappelles-tu qui est le général de Gaulle [CHAPITRE 30] ?
2. Quels événements De Gaulle évoque-t-il dans la première phrase du document 2 ? Que se propose-t-il de faire en mai 1958 ? Quels mots montrent sa détermination ?
3. Décris le personnage représenté [Doc. 3] et l'ombre qui apparaît derrière. Qui sont-ils d'après toi ? À quoi incite l'affiche ?
4. Décris la photographie [Doc. 4]. Comment apparaît ici le général de Gaulle ? Que remarques-tu entre les personnages de l'affiche [Doc. 3] et celui du document 4.

Le peuple français proclame solennellement son attachement aux Droits de l'homme et aux principes de la souveraineté nationale tels qu'ils ont été définis par la Déclaration de 1789 [...].

PRÉAMBULE (extrait) ou texte figurant au tout début de la Constitution.

Art. 5 : Le président de la République veille au respect de la constitution [...].
Art. 6 : Le président de la République est élu pour sept ans [...].
Art. 8 : Le président de la République nomme le Premier ministre [...].
Art. 9 : Le président de la République préside le Conseil des Ministres [...].
Art. 10 : Le président de la République promulgue les lois.
Art. 12 : Le président de la République peut [...] prononcer la dissolution de l'Assemblée nationale.
Art. 15 : Le président de la République est le chef des armées [...].
Art. 17 : Le président de la République a le droit de faire grâce [...].

Extraits de la Constitution.

DOC. 5 **Préambule et extraits de la Constitution de la Ve République** (4 octobre 1958).

DOC. 7 **Michel Debré présente le 7 octobre 1958 l'exemplaire original de la nouvelle constitution qu'il a en partie rédigée.** Il est ensuite le premier Premier ministre de la Ve République.

Le président de la République est élu pour cinq ans au suffrage universel direct.

DOC. 8 **Extrait de la loi constitutionnelle n° 2000-964 d'octobre 2000 qui modifie la constitution de la Ve République.**

DOC. 6 **Palais de l'Élysée (Paris) où réside le président de la République.**

5 Lis le document 5 et sa légende. Indique pour quelle République le texte a été établi. Relève à quel grand texte fondamental il se réfère.

6 Peux-tu dire si le président de la République en France est un homme important ou non depuis 1958 [Doc. 5] ?

7 De quand date la photographie [Doc. 7] ? Que fait Michel Debré de façon très officielle sur cette photographie ?

8 Lis l'article 6 de la Constitution de 1958 et le document 8. L'extrait de loi date de 2000 et apporte une modification importante à la Constitution : sur quoi porte cette modification ?

9 Où réside le président de la République [Doc. 6] ?

1 Les difficultés de la IVe République

Depuis les années 1870, la République s'est installée durablement en France [CHAPITRE 24]. Cependant, elle a connu bien des difficultés. Pendant la Seconde Guerre mondiale, le maréchal Pétain a gouverné la France et a mis fin au système républicain.

En 1946, un an après la fin de la guerre, la IVe République est mise en place. En 1958, une très grave crise survient en Algérie, alors colonie française. De nombreux Français pensent qu'il faut faire appel au général de Gaulle pour résoudre les difficultés. Grande figure de la Seconde Guerre mondiale, De Gaulle a participé à la réorganisation du pays après la libération de la France. Il se dit prêt à diriger le pays [Doc. 2 p. 194].

2 Une nouvelle constitution pour la France

En juin 1958, De Gaulle est appelé par le président de la République en place. Chef du gouvernement, il a pour mission de préparer une nouvelle constitution pour la France.

En septembre 1958, le général de Gaulle présente ce texte aux Français.

DOC. 9 **« Dites oui à la France », affiche signée Lefor-Openo, 1958.** De nombreuses affiches comme celle-ci ou celle de la page 194 [Doc. 3] ont été dessinées pour appeler les Français à voter en faveur d'une nouvelle constitution.

3 La naissance de la Ve République en septembre 1958

Les Français adoptent massivement le texte de la constitution, par référendum, le 28 septembre 1958.

C'est la Constitution de la Ve République. Elle respecte la Déclaration des droits de l'homme et du citoyen de 1789 [Doc. 5 p. 195].

En 2004, un article est ajouté : les citoyens doivent préserver l'environnement pour eux et pour les générations futures.

Football : Triple défaite de Reims, Sedan et Troyes

Deux points d'avance pour le R.C. Paris

DIVISION I. — Angers bat Reims, 3-0; Lens bat Sedan, 2-1; R.C. Paris bat Valenciennes, 3-0; Nice bat Monaco, 2-0; Nîmes bat Alès, 4-0; Rennes bat Strasbourg, 1-0; Lille bat Nancy, 2-0; Saint-Etienne bat Marseille, 4-2.

DIVISION II. — Stade Français bat Troyes, 2-0.

15e année — N° 4596 — Vingt francs — Lundi 29 Septembre 1958

l'union

GRAND QUOTIDIEN D'INFORMATION ISSU DE LA RESISTANCE

FONDÉ PAR LE C.D.L.N. DE LA MARNE LE 12 AVRIL 1944

L'appel du général de Gaulle entendu en Métropole et en Algérie

RAZ DE MARÉE "OUI"

80 % DES VOTANTS ONT APPROUVE LA CONSTITUTION

Eux aussi ont voté

La participation au scrutin a été plus forte qu'elle ne l'a jamais été depuis 45

En Algérie : 83 % de votants 97 % de "oui"

Bagarre entre partisans du « oui » et du « non »

Quelles délicieuses soirées en perspective...

DOC. 10 Une de *L'Union* datée du 29 septembre.

4 Le président de la République

Un personnage important pour diriger la France

Par la Constitution de 1958, le président de la République est le chef de l'État français, responsable de la conduite des affaires du pays [Doc. 5 p. 195]. Le texte prévoit alors qu'il soit élu pour 7 ans. Ce n'est plus le cas depuis la réforme de 2000 [Doc. 8 p. 195]. Il est désormais élu pour 5 ans.

Un homme élu au suffrage universel

En 1962, une modification importante de la Constitution impose que le président de la République soit élu au suffrage universel direct. Ce sont donc tous les Français, hommes et femmes **majeurs**, qui élisent le président de la République, sans intermédiaire, contrairement à ce qui se passait avant.

5 Un pouvoir partagé

Des ministres, un gouvernement

Le président de la République ne gouverne pas seul. Il nomme le Premier ministre. Le Premier ministre dirige l'action du gouvernement, fait exécuter les lois et est responsable de la Défense nationale. Il travaille avec d'autres ministres. Ensemble, ils forment le gouvernement.

Un Parlement

Le Parlement comprend l'Assemblée nationale et le Sénat. Il vote les lois et les projets de finances de l'État. Ses membres sont les représentants du peuple français, qui les élit directement ou indirectement.

DOC. 13 Palais Bourbon, siège de l'Assemblée nationale.

DOC. 11 **Affiche en faveur de l'élection du président de la République par le peuple, à Paris, en 1962.** Des Français sont opposés à cette nouvelle façon d'élire le président de la République, pensant qu'il deviendrait trop puissant.

DOC. 12 **Palais du Luxembourg, siège du Sénat.** Façade nord, côté cour d'honneur.

Les mots de l'Histoire

- **être majeur :** jusqu'en 1974 en France, toute personne âgée de 21 ans au moins était considérée comme majeure, c'est-à-dire assez grande pour être reconnue comme responsable. Depuis, la majorité est passée à 18 ans.

Je sais maintenant

- En 1958, **la Ve République remplace la IVe République** en proie à de grandes difficultés.
- Une **nouvelle constitution** est mise en place à l'initiative **du général de Gaulle**, chef du gouvernement.
- Approuvée par de nombreux Français, elle donne beaucoup **plus de pouvoirs au président de la République** qu'auparavant.
- Depuis 1962, **le peuple français élit directement le président de la République**. Aujourd'hui, il est élu pour 5 ans.
- **Le président n'a pas tous les pouvoirs.** Le **Parlement**, composé de l'Assemblée nationale et du Sénat, discute et vote les lois. Le **Premier ministre et son gouvernement** les font appliquer.
- **Les présidents successifs depuis 1958 :**

Charles de Gaulle, de 1958 à 1969.

Georges Pompidou, de 1969 à 1974 (mort avant la fin de son mandat).

Valéry Giscard d'Estaing, de 1974 à 1981.

François Mitterrand, de 1981 à 1995.

Jacques Chirac, de 1995 à 2007.

Nicolas Sarkozy de 2007 à ...

Histoire des arts

Les présidents et les arts

En 1969, le président Georges Pompidou décide qu'il faut à Paris un musée d'art moderne où tous les arts pourraient se rencontrer et dialoguer : cinéma, musique, arts plastiques, arts du quotidien, etc.

Ce grand centre culturel, imaginé par Richard Rogers, Renzo Piano et Gianfranco Franchini, a une architecture très nouvelle. C'est une structure en verre de sept étages. Il laisse apparaître sur sa façade les éléments techniques de couleurs rouges, vertes et jaunes ainsi que les escalators. Certains y voient une usine.

Le centre Pompidou, appelé aussi Beaubourg, a été inauguré en 1977 par le président Valéry Giscard d'Estaing. Il se veut depuis son origine un lieu où la culture de notre époque est à la portée de tous.

DOC. 14 Centre Pompidou à Paris.

34 La construction de l'Europe

DOC. 1 François Mitterrand, président français, et Helmut Kohl, chancelier allemand, en 1984 à Verdun.

« Nous rendons ensemble hommage aux millions de combattants français et allemands morts dans les batailles acharnées des deux guerres mondiales.

La guerre a laissé à nos peuples ruines, peines et deuils. La France et la République fédérale d'Allemagne ont tiré la leçon de l'Histoire [...]

C'est pourquoi Français, Allemands, nous avons choisi il y a près de 40 ans de renoncer au combat fratricide et de nous atteler à la construction en commun de l'avenir.

Nous nous sommes réconciliés. [...] Nous sommes devenus des amis.

L'unification de l'Europe est notre objectif commun [...]. »

Verdun, le 22 septembre 1984.

DOC. 2 La déclaration commune Kohl-Mitterrand.

1. Que sais-tu des relations entre la France et l'Allemagne dans la première moitié du 20e siècle. Quel passage du texte y fait allusion ?
2. Pourquoi cette cérémonie a-t-elle lieu à Verdun ?
3. À ton avis, pourquoi François Mitterrand et Helmut Kohl se donnent-ils la main ? Quelle phrase du texte illustre ce geste ?
4. Quel projet François Mitterrand et Helmut Kohl veulent-ils réaliser ?

> [...] Un jour viendra où l'on verra ces deux groupes immenses, les États-Unis d'Amérique, les États-Unis d'Europe, placés en face l'un de l'autre, se tendant la main par-dessus les mers, échangeant leurs produits, leur commerce, leur industrie [...].
>
> Victor Hugo, extrait du discours prononcé le 21 août 1849 lors du congrès de la Paix.

DOC. 3 « Un jour viendra ».

> [...] L'Europe ne se fera pas d'un coup, ni dans une construction d'ensemble : elle se fera par des réalisations concrètes [...].
>
> Le rassemblement des nations européennes exige que l'opposition séculaire de la France et de l'Allemagne soit éliminée. [...]
>
> Robert Schuman, conférence de presse du 9 mai 1950.

DOC. 4 La déclaration Schuman.

DOC. 5 Les 6 pays de la Communauté économique européenne (CEE) en 1957.

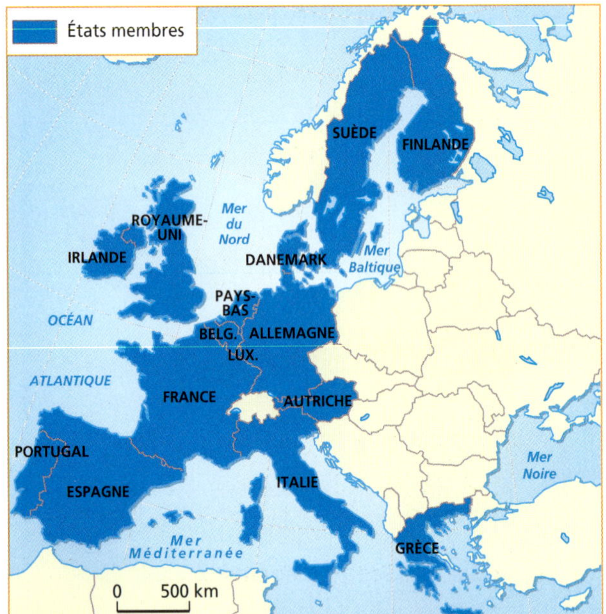

DOC. 6 Les 15 pays de l'Union européenne en 1995.

DOC. 7 Les 27 pays de l'Union européenne depuis 2007.

1. Lis le document 3. L'idée d'une Europe unie dans la paix est-elle une idée récente ?
2. À quelle date s'exprime Robert Schuman [Doc. 4] ? D'après lui, que doit faire l'Europe pour s'unir ? À quels événements historiques fait-il allusion ?
3. Observe les documents 5, 6 et 7. Depuis combien de temps s'effectue la mise en place d'une Europe unie ? Comment se déroule-t-elle ?
4. Combien d'États sont actuellement membres de l'Union européenne [Doc. 7] ?

Les douze étoiles du drapeau européen sont disposées en cercle sur un fond bleu. Elles symbolisent l'union des peuples et la plénitude, c'est-à-dire l'ensemble des pays de l'Union européenne.

Le drapeau européen flotte au côté des drapeaux nationaux des vingt-sept pays membres devant le bâtiment du parlement européen à Strasbourg.

DOC. 8 Drapeaux de l'Europe et des pays membres.

DOC. 9 L'euro : pièces de monnaie.

DOC. 10 Un passeport européen.
Depuis 1981, les citoyens européens ont le même passeport de couleur bordeaux.

Le programme Comenius permet les échanges et la coopération entre les établissements scolaires en Europe, de la maternelle au lycée. Il favorise l'apprentissage des langues.

Chaque année, en Europe, le programme Comenius relie 11 000 établissements, 100 000 enseignants et 750 000 élèves.

Comenius est un savant tchèque du 17e siècle qui a amélioré les méthodes d'instruction. Le nom choisi pour ce programme rappelle le riche héritage européen en matière d'éducation.

DOC. 11 Le programme Comenius.

5 Observe le document 8. Retrouve le drapeau européen. Reconnais-tu des drapeaux de pays membres de l'Union européenne ? Tu peux t'aider d'un dictionnaire ou d'une encyclopédie.

6 L'Union européenne a permis des réalisations et des actions communes. Cite lesquelles en t'aidant des documents 9, 10 et 11.

1 Les débuts de l'Union européenne

Réunir les états européens est une idée ancienne [Doc. 3 p. 200]. Cette idée devient réalité aux lendemains de la Seconde Guerre mondiale. L'Europe est dévastée ; les menaces de guerre sont fortes entre les pays de l'Ouest dominés par les États-Unis et les pays de l'Europe de l'Est dominés par l'URSS. Six pays : la France, l'Allemagne de l'Ouest, l'Italie, les Pays-Bas, la Belgique, le Luxembourg décident d'unir leurs forces pour construire un espace de paix et de développement économique.

2 La construction européenne

En 1957, le traité de Rome fonde, entre ces six pays, la Communauté économique européenne, qui deviendra l'Union européenne (UE) en 1993. De nouveaux pays adhèrent. L'Union européenne comprend actuellement vingt-sept pays. À l'intérieur de l'Union européenne, les marchandises circulent plus facilement. L'agriculture progresse avec des règles communes entre les États. La monnaie européenne, l'euro [Doc. 9 p. 201], remplace les monnaies nationales. Les citoyens européens disposent d'un même passeport [Doc. 10 p. 201]. Des échanges entre pays sont organisés dans le domaine de l'éducation [Doc. 11 p. 201].

DOC. 12 **Chute du mur de Berlin** (9 novembre 1989).
La chute du mur de Berlin met fin à la division entre l'Est et l'Ouest de l'Europe. Cet événement est un symbole de l'unification du continent européen.

Histoire des arts

En 1985, l'*Ode à la Joie* devient l'hymne européen. En voici les premières notes. Tu peux l'écouter sur un site Internet consacré à l'Union européenne.
L'*Ode à la joie* a été composé par Ludwig van Beethoven, compositeur allemand (1770-1827). Les paroles sont celles d'un grand poète : Schiller. Elles célèbrent l'unité et la fraternité humaines.

DOC. 13 L'*Ode à la joie* de Ludwig van Beethoven.

Index des personnages

Index

CRÉDITS PHOTOGRAPHIQUES : gardes avant : CERP Tautavel/D. Dainat ; Explorer/ Eyedea ; RMN ; AKG Images ; Leemage ; Keystone/Eyedea ; AKG Images ; Photo Josse/ Leemage ; AKG Images ; H. Lewandowski/RMN ; H. Lewandowski/RMN ; Photo Josse/ Leemage ; Roger-Viollet – P. 4 : Jean Vertut ; G. Martron/Musée d'Angoulême ; photo-aerienne-france.fr – P. 5 : Keystone/Eyedea ; Bridgeman Art Library ; Photos12.com/ ARJ ; Photo Josse/Leemage ; Photo Josse/Leemage ; Photo Josse/Leemage – P. 6 : H. Lewandowski/RMN ; RMN/Bulloz ; Photo Josse/Leemage ; Bridgeman Art Library ; BNF ; Photo Josse/Leemage ; Bridgeman Art Library – P. 7 : Bridgeman Art Library ; Adagp, Paris 2010/Photo Josse/Leemage ; Roger-Viollet ; Union européenne, 2009 – P. 8 : Kharbine-Tapabor – P. 9 : 2. et 4. Roger-Viollet ; 3. Keystone/Eyedea – P. 10 : 5. B. Gardel/Hemis.fr ; 6. D. André/BIM/MAXPPP – P. 11 : 7. Leemage – P. 13 : 1. CERP Tautavel/D. Dainat – P. 14 : 2. L. Bret/Look at Sciences – 3. Eyedea – P. 15 : 4. Grotte de Niaux ; 5. RMN/DR ; 6. J.-G. Berizzi/RMN ; 7. et 8. L. Hamon/RMN ; 9. et 10. Jean Vertut – P. 17 : 13. et 14. Jean Vertut – P. 18 : 15. Eyedea – P. 19 : 1. Explorer/Eyedea – P. 20 : 2a. Jean Vertut ; 2b. Getty images ; 3a. RMN/DR ; 3b. Coll. Musée du Périgord, ville de Périgueux ; 4a. Grotte de Niaux ; 4b. Archéodrome de Bourgogne – P. 21 : 2c. J. Batho/ Musée Fenaille de Rodez ; 3c. H. Champollion/Top/Eyedea ; 4c. Explorer/Eyedea – P. 22 : 5. et 6. J. Schormans/RMN ; 7. SAEF ; 8. G. Blot/RMN ; 9. A. Plisson/Musée archéologique de Strasbourg – P. 23 : 10. H. Champollion/Top/Eyedea ; 11. RMN – P. 24 : frise : J. Schormans/RMN ; RMN ; 12. Musée Fenaille-Rodez/P. Soissons – P. 25 : 1. G. Martron/ Musée d'Angoulême – P. 26 : 2. Musée national de l'Éducation/INRP/Rouen ; 3. Image produite par l'Institut des Sciences et Techniques de l'Antiquité, Besançon/Presses Universitaires de Franche-Comté ; 4. Dossier Pour La Science n°61/Delphine Bailly, 2008 – P. 27 : 5. et 7. Dagli-Orti/Picture Desk ; 8. Bridgeman Art Library ; 9. E. Lessing/ AKG Images ; 10. J. Schormans/RMN – P. 28 : www.asterix.com © 2010 Les Éditions Albert René/Goscinny-Uderzo – P. 29 : 13. E. Lessing/AKG Images ; 14. J.-G. Berizzi/ RMN – P. 30 : 15h. Leemage ; 15b. BNF ; 16. Guernica, 1937 © Succession Picasso 2010/ BPK, Berlin, Dist RMN/Alfredo Dagli Orti – P. 31 : 1. Roger-Viollet – P. 32 : 3g. BNF ; 3d. Leemage – P. 34 : 7. RMN ; 8. Bridgeman Art Library – P. 35 : 9. R.-G. Ojeda/RMN ; 11. Dagli-Orti/Picture Desk – P. 36 : 12. Bridgeman Art Library ; 13. © 2010 Les Éditions Albert René/Goscinny-Uderzo – P. 37 : 1. PHOTOPQR/Le Midi Libre/Alexis Bethune ; 2. photo-aerienne-france.fr ; 3. Henri Gaud/Éditions Gaud – P. 38 : B. G. Vieille ; D'après J.-C. Barçon – P. 39 : D. Bridgeman Art Library ; J. G. Vieille ; G. Dagli-Orti/Picture Desk – P. 40 : 6. Rapho/Eyedea – P. 41 : 7. Costa/Leemage ; 8. Bridgeman Art Library – P. 42 : 9. D. Schwartz/Corbis ; 10. G. Christian/Hemis.fr – P. 43 : 1. Hoa-Qui/Eyedea ; 2. AKG Images ; 3. P. Maeyaert/Bridgeman Art Library ; 4. E.S.E. Communication – P. 44 : 5. AKG Images – P. 45 : 9. Archives Magnard ; 11. RMN/L. Hamon ; 12. Photo Josse/Leemage – P. 46 : 13. Hoa-Qui/Eyedea ; 14. Costa/Leemage – P. 47 : 15. Eyedea Illustration – P. 48 : 17. AKG Images ; 18. Picture Desk – P. 49 : 1. BNF – P. 50 : 7. J.-L. Boutillier – P. 51 : 8. Bridgeman Art Library ; 9. BNF – P. 52 : 11. BNF ; 12. BNF – P. 53 : 13. BNF ; 14. Photo Josse/Leemage ; P. 54 : 15. Coll. Jonas/Kharbine-Tapabor ; 16. Rue des Archives/CCI – P. 55 : 1. Photo Josse/Leemage – P. 56 : 3. BNF – P. 57 : 4. ND/Roger-Viollet ; BNF ; N. Thibaut/Photononstop – P. 58 : 5. et 6. BNF – P. 59 : 7. Musée national de l'Éducation/ INRP-Rouen – P. 60 : frise : Photos Josse/Leemage ; 9. Keystone/Eyedea ; 10. Bridgeman Art Library – P. 61 : 1a. et 1c. Centre Guillaume le Conquérant, Bayeux ; 1b. Bridgeman Art Library – P. 62 : 3. Centre Guillaume le Conquérant, Bayeux – P. 63 : 4. Centre Guillaume le Conquérant, Bayeux ; 5. Bridgeman Art Library – P. 64 : 6. Centre Guillaume le Conquérant, Bayeux ; 7. Bridgeman Art Library – P. 65 : 8. Photos12.com/ARJ ; 9. E. Lessing/AKG Images – P. 66 : frise : E. Lessing/AKG Images ; 10. Normandie Patrimoine – P. 67 : 1. Bridgeman Art Library – P. 68 : 2. Bridgeman Art Library – P. 70 : 5. Bibliothèque municipale de Metz – P. 71 : 6. Photos12.com/ARJ ; 7. BNF – P. 72 : 8. RMN/R.-G. Ojéda – P. 73 : 1. Hoa-Qui/Eyedea – P. 74 : 2. Bridgeman Art Library ; 3. Bridgeman Art Library ; 4. et 5. Dagli-Orti/Picture Desk – P. 75 : 6. Costa/Leemage ; 7. Jean Vigne ; 8. Bibliothèque municipale de Dijon ; 9. Musée AP-HP/Sipa Press – P. 76 : 10. Dagli-Orti ; 12. Bridgeman Art Library – P. 77 : 15. Hoa-Qui/Eyedea – P. 78 : frise : Hoa-Qui/Eyedea ; Explorer/ Eyedea ; 16. H. Gaud/Centre International du Vitrail-La Crypte ; 17. H. Hughes/Hemis. fr – P. 79 : 1. Lonely Planet Images/photononstop ; 2. R. Mattes/Hemis.fr – P. 80 : 4. BNF ; 5. B. Steffens/AKG Images – P. 81 : 6. Hoa-qui/Eyedea Illustration ; 7. L. Ricciarini/ Leemage ; 8. DR – P. 82 : 10. RMN/H. Lewandowski ; 11. Photo12.com/Alamy – P. 83 : 12. BNF ; 13. Bridgeman Art Library ; 14. Photos12.com/ARJ – P. 84 : frise : RMN/H. Lewandowski ; Photos12.com/ARJ ; 15. C. Boisvieux/Hemis.fr – P. 85 : 1. Photo Josse/ Leemage – P. 86 : 4. MP/Leemage ; 5. Lambeth Palace Library, London, UK/The Bridgeman Art Library – P. 87 : 7. AKG Images – P. 88 : 9. Dagli-Orti ; 10. Photos12.com/ ARJ – P. 89 : 11. et 12. Photo Josse/Leemage – P. 90 : frise : AKG Images ; Photo Josse/ Leemage ; 13. Ministère de la Culture-Médiathèque du Patrimoine, Dist. RMN/A. Guérinet – P. 91 : 1. Photo Josse/Leemage – P. 92 : 3. Bridgeman Art Library – P. 93 : 4. Bridgeman Art Library ; 5. Bridgeman Art Library – P. 94 : 6. Bridgeman Art Library ; 7. AKG Images – P. 95 : 9. Costa/Leemage – P. 96 : 10. M. Vautier/Ana – P. 97 : 1. Bridgeman Art Library – P. 98 : 2. DR ; 3. Electa/Leemage – P. 99 : 4. G. Rapho/Eyedea ; 5. J. Kugler/ Getty Images – P. 100 : 6. H. Lewandowski/RMN – P. 101 : 7. et 8. AKG Images ; 9. Bridgeman Art Library – P. 102 : frise : Leemage ; 6. H. Lewandowski/RMN ; 10. L. Ricciarini/Leemage ; 11. RMN/T. Le Mage – P. 103 : 1. Photo Josse/Leemage – P. 104 : 2. et 3. AKG Images ; 5. Zentralbibliothek Zürich – P. 105 : 6. Bridgeman Art Library ; 7. RMN/Bulloz – P. 106 : 9. JC&D Pratt/Photononstop ; 10. AKG Images – P. 107 : 11. RMN (Château de Versailles)/DR – P. 108 : 12. Photo12.com/Alamy – P. 109 : 1. H. Lewandowski/ RMN – P. 110 : 2. M. Deville/AKG Images ; 4. AKG Images – P. 111 : 5. Altitude ; 6. et 7. RMN – P. 112 : 8. Photos12.com/Hachedé ; 9. et 10. Bridgeman Art Library ; 11. RMN (Château de Versailles)/DR – P. 113 : 12. G. Blot/RMN ; 13. Photo Josse/Leemage – P. 114 : frise : H. Lewandowski/RMN ; 14. H. Colson/Vues aériennes de France – P. 115 : 1. Bridgeman Art Library ; Photos12.com/ARJ ; Roger-Viollet – P. 116 : 2. Bulloz/RMN ; 3. Bridgeman Art Library ; 4. Bridgeman Art Library – P. 117 : 5. Bridgeman Art Library ; 6. R.-G. Ojeda/RMN ; 7. et 9. RMN ; 8. et 10. G. Blot/RMN – P. 118 : 11. J.-F. Bidoli/ Photothèque Saline royale ; 12. J. Pachoud/Photothèque Saline royale – P. 119 : 1. RMN/Bulloz – P. 120 : 3. et 4. Bridgeman Art Library – P. 121 : 6. hg. The Granger Coll. NYC/Rue des Archives ; hd. et bd. Josse/Leemage ; mg. Bulloz/RMN ; md. Archives Magnard ; bg. AKG Images/E. Lessing – P. 122 : 7. RMN (Château de Versailles)/DR – P. 123 : 1. Coll. Kharbine-Tapabor – P. 124 : 2. Picture Desk/Musée Carnavalet Paris/Dagli Orti ; 3. Bridgeman Art Library ; 5. RMN – P. 125 : 6. RMN (Château de Versailles) ; 8. Bulloz/RMN ; 9. Bridgeman Art Library – P. 126 : 10. Bridgeman Art Library ; 11. Picture Desk/Musée Thomas Dobrée Nantes/Dagli Orti ; 12. RMN – P. 127 : 1. Photo Josse/ Leemage – P. 128 : 2. RMN (Château de Versailles)/G. Blot ; 3. Musée d'Art Moderne et d'Art Contemporain, Liège, Belgium/Bridgeman Art Library – P. 129 : 4. RMN – P. 130 : 6. AKG Images – P. 131 : 1. Bridgeman Art Library – P. 132 : 2. Bulloz/RMN ; 3. Musée Carnavalet/Roger-Viollet – P. 133 : 4. Bridgeman Art Library ; 5. Bridgeman Art Library ; 6. Bridgeman Art Library ; 7. BNF – P. 134 : hg., hd. et bg. Bridgeman Art Library ; bd. Photo Josse/Leemage – P. 135 : 1. A. Gesgon – P. 136 : 2. RMN ; 3., 4. et 8. Photo Josse/ Leemage ; 9. Bridgeman Art Library – P. 137 : 5. Explorer/Eyedea ; 6. et 7. Photo Josse/ Leemage ; 10. Bridgeman Art Library – P. 138 : 11. Bridgeman Art Library – P. 139 : 13. et 14. AKG Images – P. 140 : 15. Bridgeman Art Library – P. 141 : 1. RMN (Musée d'Orsay)/H. Lewandowski – P. 142 : 3. BNF – P. 143 : 4. Photo Josse/Leemage ; 5. P. Bouclier/Photononstop ; 6. M. Jolibois/Photononstop ; 7. Y. Beaujard/La Poste 2008 ; 9. Rapho/Eyedea – P. 144 : 10. Rue des archives – P. 145 : 12. Bridgeman Art Library ; 13. INRP/Musée national de l'éducation, Rouen ; 15. J. Gimard – P. 146 : frise : Bridgeman Art Library ; 16. Izzet Keribar/IML-Réa – P. 147 : 1. Leemage – P. 148 : 2. Bridgeman Art Library ; 4. Photos12.com/ARJ – P. 149 : 5. Bridgeman Art Library – P. 150 : 8. Photo Josse/Leemage ; 9. Photo CFF – P. 151 : 11. Bridgeman Art Library – P. 152 : 12. Association frères Lumière – P. 153 : 1. Document Écomusée de la communauté urbaine Le Creusot-Montceau-les-Mines/cliché D. Busseuil – P. 154 : 2. Roger-Viollet ; 3. Bridgeman Art Library – P. 155 : 5. Bridgeman Art Library – P. 156 : 7. Roger-Viollet ; 8. Photos12.com-Ann Ronan Picture Library – P. 157 : 10. Roger-Viollet ; 11. Kharbine-Tapabor – P. 158 : 12. et 13. Coll. Familistère de Guise – P. 159 : 1. Bridgeman Art Library – P. 160 : 2. Coll. IM/Kharbine-Tapabor ; 4. Ministère de la Culture-Médiathèque du Patrimoine, Dist. RMN/Blanchet – P. 161 : 5. Harlingue/Roger-Viollet ; 6. Bridgeman Art Library – P. 162 : 7. Bridgeman Art Library ; 8. Bridgeman Art Library – P. 163 : 9. Bridgeman Art Library ; 10. Bridgeman Art Library – P. 164 : 11. Coll. Musée Air France – P. 165 : 1. M. Pourny/AFP ; 2. P. Bataille ; 3. Réa – P. 166 : 5. Bridgeman Art Library ; P. 167 : 6. Lee/Leemage ; 7. Branger/Roger-Viollet ; 9. ND/Viollet ; P. 168 : 11. Coll. Viollet – P. 169 : 12. et 13. Roger-Viollet ; 14. Keystone/Eyedea – P. 170 : 15. Historial de la Grande Guerre-Péronne (Somme) – P. 171 : 1. Adagp, Paris 2010/Photo Josse/Leemage – P. 172 : 2. et 3. Coll. BDIC-MHC – P. 173 : 5. Keystone/Eyedea ; 6. Roger-Viollet ; 7. Ullstein Bild/Roger-Viollet – P. 174 : 8. Roger-Viollet ; 9. Rue des archives – P. 176 : frise : Rue des archives ; 11. Guernica, 1937 © Succession Picasso 2010/BPK, Berlin, Dist RMN/ Alfredo Dagli Orti – P. 177 : 1. BPK, Berlin, Dist RMN/Photographe inconnu – P. 178 : 2. Rue des archives ; Rue des archives ; Lapi/Roger-Viollet ; Rue des archives ; Roger-Viollet – P. 179 : 3. Roger-Viollet ; 4. R. Doisneau/Rapho/Eyedea ; 5. Keystone/Eyedea – P. 180 : 8. Lapi/Roger-Viollet ; 9. CDJC ; 10. Keystone/Eyedea – P. 181 : 13. Kharbine-Tapabor ; 14. R. Doisneau/Rapho/Eyedea ; 15. Documentation française – P. 182 : 16., 17. et 18. Roger-Viollet – P. 183 : 19. BN estampes, coll. Safara ; 20. et 21. Rue des Archives – P. 184 : 22. Christophe L – P. 185 : 1. Mémorial de Caen – P. 186 : 2. Roger-Viollet ; 4. Yevgeny Khaldei/Hulton Archive/Getty Images ; 5. Keystone/Eyedea – P. 187 : 6. Le Livre de Poche ; 7. Rue des archives – P. 189 : 1. Rapho/Eyedea – P. 190 : 4. Coll. Lou/Kharbine-Tapabor ; 6. P. Sittler/Rea ; 7. DR – P. 191 : 8. Strauss/Curtis/Corbis ; 9. P. Latron/ LookatSciences ; 10. AFP Photo ESA/CNES/ARIANESPACE – P. 192 : 12. Hoa-Qui/Eyedea ; 13. Ciel et espace ; 14. © Jeff Koons – P. 193 : 1. B. Ghiringhelli © La Poste 2008-Archives Nationales-D'ap. photo Atelier photographique des Archives Nationales/Assemblée nationale-2008 – P. 194 : 3. Archives de Gaulle, Paris, France/The Bridgeman Art Library ; 4. AFP – P. 195 : 6. X. Richer/Photononstop ; 7. AFP – P. 196 : 9. Coll. BDIC-MHC/Lefor-Openo ; 10. V. Arethens/Delta 682/27/AD Marne – P. 197 : 11. AFP ; 12. Sénat/L. Poyet ; 13. R. Mazin/Photononstop – P. 198 : La Documentation française ; La Documentation française ; La Documentation française/J.-H. Lartigue ; La Documentation française/G. Freund ; La Documentation française/B. Rheims ; La Documentation française/P. Warrin ; 14. A. Chicurel /Hemis.fr – P. 199 : 1. Witt/Sipa – P. 201 : 8. Union européenne, 2009 ; 10. T. Hoarau/Fotolia ; 11. Acik/Fotolia – P. 202 : 12. Sipa Press ; 13. Roger-Viollet ; Éditions Zurfluh – P. 203 : Photo Josse/Leemage ; Bridgeman Art Library ; Keystone/Eyedea ; Keystone/Eyedea ; Photo Josse/Leemage ; Photos12.com-Ann Ronan Picture Library ; R.-G. Ojeda/RMN ; Bridgeman Art Library ; H. Lewandowski/ RMN – P. 204 : La Documentation française ; RMN/DR ; Roger-Viollet ; AKG Images ; AKG Images ; AKG Images ; Photo Josse/Leemage ; H. Lewandowski/RMN ; Bridgeman Art Library – P. 205 : AKG Images ; La Documentation française/G. Freund ; Bridgeman Art Library ; Rue des Archives ; Photo Josse/Leemage ; Roger-Viollet ; Bridgeman Art Library ; Bridgeman Art Library ; RMN

Cercle polaire arctique
60°
Alaska (É.-U.)
Groenland (Danemark)
ISLANDE
Iles Aléoutiennes (É.U.)
CANADA
NORVÈGE
SUÈDE
ROYAUME-UNI
DANEMARK
IRLANDE
ALLEMAGNE
FRANCE
ITALIE
ÉTATS-UNIS
Açores (Port.)
PORTUGAL
ESPAGNE
Madère (Port.)
TUNISIE
Bermudes (R.-U.)
MAROC
Canaries (Esp.)
ALGÉRIE
Tropique du Cancer
MEXIQUE
Hawaii (É.-U.)
CUBA
RÉPUBLIQUE DOMINICAINE
MAURITANIE
MALI
NIGER
BELIZE
HAÏTI
GUATEMALA
HONDURAS
CAP-VERT
SÉNÉGAL
GAMBIE
BURKINA-FASO
SALVADOR
NICARAGUA
Clipperton (Fr.)
GUINÉE-BISSAU
GUINÉE
NIGERIA
COSTA RICA
PANAMA
GUYANA
BÉNIN
VENEZUELA
SIERRA LEONE
CÔTE-D'IVOIRE
LIBERIA
GHANA
TOGO
CAMERO
COLOMBIE
Guyane (Fr.)
GUINÉE ÉQ.
Équateur
SURINAM
Iles Galapagos (Éq.)
ÉQUATEUR
GABON
Ascension (R.-U.)
PÉROU
BRÉSIL
Iles Cook (Nlle-Z.)
Ste-Hélène (R.-U.)
BOLIVIE
20°
Polynésie française
PARAGUAY
Tropique du Capricorne
ARGENTINE
URUGUAY
CHILI
Iles Falkland (R.-U.)
Géorgie du Sud (R.-U.)
Terre de Feu
Cercle polaire antarctique
0°
20°
40°
60°
80°
100°
120°
140°
160°
180°
Antarctique
1. PAYS-BAS
2. BELGIQUE
3. LUXEMBOURG
4. SUISSE
5. POLOGNE
6. AUTRICHE
7. RÉPUBLIQUE TCHÈQUE
8. SLOVAQUIE
9. HONGRIE
10. SLOVÉNIE
11. CROATIE
12. BOSNIE-HERZÉGOVINE
13. SERBIE
14. MONTÉNÉGRO
15. KOSOVO
16. ALBANIE
17. MACÉDOINE
18. GÉORGIE
19. ARMÉNIE
20. AZERBAÏDJAN